Arbeitstexte für den Unterricht

Sprachspiele

FÜR DIE SEKUNDARSTUFE

HERAUSGEGEBEN VON
RAINER WELLER

PHILIPP RECLAM JUN. STUTTGART

Universal-Bibliothek Nr. 9533

Gesamtherstellung: Reclam, Ditzingen. Printed in Germany 1981
ISBN 3-15-009533-6

Inhalt

I. Vorwort

Diese Sammlung enthält Spiele, die für den Deutschunterricht der Sekundarstufe I gedacht sind. Allmählich beginnt sich der Gedanke durchzusetzen, daß das Spiel mit Sprache und Form im Deutschunterricht seinen Platz hat, und zwar nicht bloß als Lockerungsübung – als eine Art Beschäftigung in Mußestunden –, sondern als durchaus ernst gemeinte und systematisch betriebene Sache. Die Eigenart des Sprachspiels besteht darin, daß Sprache hier nicht als Mittel zur Kommunikation, sondern im Gegenteil als Material für eine höchst individuelle Behandlung gesehen wird. Ähnliches gilt für das Spiel mit poetischen Formen. Freier, experimenteller Umgang mit Sprache und Form, die Bereitschaft, Normen aufzubrechen und mit dem gegebenen Material neue Kombinationen zu finden, vermag auf vergnüglichem Wege zu sprachlicher Kreativität hinzuführen. Um mit Freud zu sprechen, bedeutet das Spiel eine Auflehnung gegen den »Denk- und Realitätszwang«, dem das Kind im Verlauf seiner Erziehung zunehmend unterworfen wird. Diese Auflehnung bleibt aber Spiel mit der Absicht, Freude zu bereiten: die Realität wird im Spiel nicht negiert. Im bewußten Regelverstoß beweist man sich, daß man der Regeln sicher ist. Hierin besteht die integrierende Funktion des Sprachspiels.

Im ersten Teil (A–D) wird in dieser Sammlung mit Buchstaben, Lauten, Wortbildern und Bedeutungen gespielt. Wie erwähnt, richtet sich die Intention des Spiels mit Sprache gegen die Kommunikation: In der beabsichtigten Verhinderung der Kommunikation liegt die Komik des Spiels. Hier konnte auf bewährte Muster zurückgegriffen werden: Anagramm, Palindrom, Homonym oder Scharade sind seit langem bekannte – und wie die »konkrete Poesie« zeigt – sehr lebendige Sprachspiele, die hier für den Unterricht verwendbar gemacht wurden.

In einem zweiten Teil (E–F) wird mit poetischen Formen und mit Texten gespielt. Wiederum ist hier das Ziel nicht, über das Spiel eine Motivation zum Erlernen poetischer Formen zu geben; eine Absicht, die z. B. Mörike mit seinem Sonettspiel (vgl. E.5.2) noch verfolgte. Auch hier soll ein Anstoß zur sprachlichen Kreativität gegeben, das poetische Material in freier Weise umgestaltet werden. Weder Schüler noch Lehrer mögen sich dabei durch die Tatsache beirren lassen, daß sich in der Klasse kein Goethe befindet. »Es kommt weniger darauf an, auf ein Ziel zuzustreben, als von einem Start wegzukommen. Nämlich: von der eigenen Passivität.«[1]

Damit bestimmt sich auch das Unterrichtsverfahren. In dieser Sammlung sollten die Aufgaben so gestellt werden, daß sie der große Durchschnitt der Schüler bewältigen kann. So ergibt sich die grundsätzliche Anordnung des Materials nach folgendem Muster:

(1) Es wird eine Spielregel gegeben, oder sie soll gefunden werden.

(2) Vorbilder, wie gespielt werden kann, werden aus dem Werk bekannter Autoren angeführt. Sie sollen Anreiz geben, sich selbst zu versuchen.

(3) Große Betonung wird auf die eigene Tätigkeit der Schüler gelegt. Diese soll Befriedigung verschaffen, weil sie am vorgegebenen Beispiel oder an der vorher aufgestellten Regel überprüft werden kann.

Die Anordnung des Materials entspricht der Art, wie die Stunden auf der Sekundarstufe I durchgeführt wurden. Man *muß* aber nicht so verfahren, das Material kann vom Lehrer und seiner Klasse kreativ nach eigenem Gutdünken verwendet werden. Jede Einheit bietet Stoff genug für eine 45- oder 60-Minuten-Stunde. Es ist der Wunsch des Herausgebers, daß die Sammlung nicht ausschließlich in Vertretungsstunden oder in den letzten Stunden vor den Ferien eingesetzt wird. Bei einer alle zwei bis drei Wochen regelmäßig durchgeführten Spielstunde kann damit ein Zweijahreskurs bestritten werden.

1. Karl Gerstner: Do it yourself Kunst. Köln 1970. S. 17.

II. Texte und Spiele

A. Buchstabenspiele

A.1. Anagramme

Das Wort »Anagramm« kommt aus dem Griechischen, wo anagráphein »umschreiben« bedeutet. Die in einem Wort oder Satz enthaltenen Buchstaben werden so umgestellt, daß sie einen neuen Sinn ergeben.

Josef Guggenmos: Durcheinander

BFAAGWERIE,
BFAAGWERIE ...
Jeder spürt,
irgendwie
ist da was passiert.

BFAAGWERIE,
BFAAGWERIE ...
Eins ist klar,
dieses Ding ist unbrauchbar.

Doch ein kluger Kopf erkennt,
daß das mal
eine BRIEFWAAGE war,
bis ein Nilpferd kam
und sich drauf
setzte.

Hoffte es zu sehr, es wär'
vielleicht doch
nicht zu schwer?

Wer sieht einem Nilpferd in die Seele,
wer?

A.1.1. Stelle die Buchstaben in den folgenden Wörtern so um, daß neue, sinnvolle Wörter entstehen:

Maus Saum

Lampe ....

Basel ....

Betrug ....

Nagel ....

A.1.2. Das Anagramm wird oft verwendet, um einen Namen zu ändern, weil sich durch die Umstellung ein manchmal überraschender Sinn ergibt.

Beispiel:
Martin Luther ergibt: Lehrt in Armut
Salvador Dali ergibt: avida (= ich liebe) dollars. (Breton)

A.1.2.1. Welche bekannten, lebenden oder toten Persönlichkeiten verbergen sich hinter folgenden Anagrammen?

r. y. Windtball
Dauerkanonader
Folterhilda
Ehedrang im Tiger

A.1.2.2. Zu folgendem Spiel brauchen wir Papier, Schere und Bleistift. Jeder schreibt seinen Namen auf einen Papierstreifen, zerschneidet den Streifen und setzt die so erhaltenen Buchstaben wieder neu zusammen. Der Lehrer sammelt die Ergebnisse auf Zetteln (vergeßt nicht, euer Geschlecht mit anzugeben), und die Klasse muß jetzt raten, wer sich hinter dem Anagramm versteckt.

A.1.2.3. Anagramm-Rätsel

Als Herr Schmidt noch Studienreferendar und in seine Elisabeth verliebt war, machte er ihr einen formvollendeten Heiratsantrag (den Elisabeth nicht sehr gnädig aufnahm) und hielt dann auch noch bei ihrem Vater um die Hand

seiner Tochter an. Vater und Tochter schienen sich einig zu sein, daß Herr Schmidt erstens übertrieben altmodisch sei und sie zweitens doch noch warten wollten, ob sich nicht was Besseres als ausgerechnet ein Lehrer finde.
Nun – es fand sich anscheinend nichts Besseres, denn nach ein paar Jahren (Herr Schmidt war schon Oberstudienrat, recht gesetzt und beleibt, aber immer noch ledig) erhielt er einen Brief vom Vater seiner Elisabeth, der ihn (man hätte sich doch früher so gut gekannt) aufforderte, doch einmal vorbeizukommen, undsoweiter undsoweiter, Elisabeth sei übrigens noch ledig.
Herr Schmidt schrieb nur zwei Worte zurück: . . . . . .
. . . !
Er hatte einfach die Buchstaben im Namen Elisabeth umgestellt. – Was schrieb er?

A.1.3. Visitenkartenrätsel

Welchen Beruf hat der Herr?	BERT S. O'LEN GERA
Wo ist sie im Urlaub?	PATRICIA SCHRENGK MEHRN
Aus welcher Stadt stammt er?	ANDREAZ H. BUCK
Welche Schule besucht er?	SAUL ROCHER ELBE
Welches Hobby pflegt die Dame?	S. B. SCHOEN SIEGEN
Welchen Dichter liest sie gern?	FRIDL REICH LESRICH

A.1.4. Franz Brentano hat eine Sonderform des Anagramm-Rätsels erfunden, bei dem angegeben wird, in welcher Reihenfolge die Buchstaben vertauscht werden müssen. So ergibt zum Beispiel das (erfundene) Wort »Here« »auswärts« gelesen »Ehre«, »einwärts« gelesen »Heer«.

A.1.4.1.
Oft ruft aus süßem Schlummer dreist
  Dich unser früher Schrei,
Und *aus-* und *einwärts* leben meist
  Wir in Vielweiberei.

A.1.4.2.
Taler in Aussicht wiegen nicht schwer,
Sicher lobt ihr mich *einwärts* mehr.
Auswärts führ ich die Opposition.
Laßt ihr ganz mich, wie ich bin,
Tanz ich ohne starren Sinn
Nach der Pfeife Ton.

A.1.4.3.
Hoch in Brasilien
Und in Castilien,
Tief in Austrasien
Und in Westasien.
Aus und *ein* berechnet sie
Die Geometrie.

A.1.5. Gedichte mit Anagrammen

A.1.5.1. Timm Ulrichs

```
roseroseros    erose
roseroseroserose
roseroseroserose
roseroseroserose
roseroseroserose
roseroseroserose
roseroseroserose
roseroseroserose
roseroseroserose
roseroseroserose
roseroseroserose
            eros
```

Sind solche Texte (dieser und die folgenden) überhaupt Gedichte? Wo befindet sich im obigen Text ein Anagramm?

A.1.5.2. Timm Ulrichs

ordnung ordnung
ordnung ordnung
ordnung ordnung
ordnung ordnung
ordnung ordnung
ordnung unordn g
ordnung ordnung
ordnung ordnung
ordnung ordnung
ordnung ordnung
ordnung ordnung

Beruht dieser Text eigentlich auf einem Anagramm?

A.1.5.3. André Thomkins

PERMANENTERFORMWEG
RAMMWENNPFORTEREGE
OPFERWERTMENGENARM
GERNOPFERTAMMENWER
REFORMWEGPERMANENT
AMORFPERMENGENWERT
MENGEWARMERTROPFEN
MENGERNAPFWORTMEER
ERWOGERNTENMAMPFER
ENORMERWERTEMPFANG
NEGEROPFERRAMMTWEN
TROPFWEMMEERGERANN
WAREPERMENGENFORMT
EMPORWERFTGERMANEN
RENNOPFERRAMMTEWEG
FORMPERWARTEMENGEN
EPENFORMREGNETWARM
NARRTWEGFERNEMPOEM

Welchen Sinn ergeben die jeweiligen Umstellungen? Versuche, jede Zeile zu erläutern.

A.2. Palindrome

Das Wort leitet sich ab von griechisch pálin, »zurück«, und drómos, »der Lauf«. Deutsche Übersetzungen sind: Spiegelwörter, Krebswörter, Rückläufer.

Josef Guggenmos: AKIREMA

Jürgen, ein Junge in Paderborn,
liest alles von hinten statt von vorn.
Er fand ein Buch,
und siehe da,
es handelte von AKIREMA.

A.2.1. Beispiele

A.2.1.1. Vorwärts und rückwärts gleich:

OTTO	&	ANNA	
NEFFEN	&	RENTNER	
NENNEN	&	NECKEN	(ck = kk!)
REITTIER	&	MARKTKRAM	(Schopenhauer)
REGALLAGER	&	REFLEXELFER	(Schopenhauer – Thomkins)

Findest du weitere Beispiele?

A.2.1.2. Palindromsätze

Alle necken Ella.
Ein Neger mit Gazelle zagt im Regen nie. (Schopenhauer)
Eine treue Familie bei Lima feuerte nie.
Eine güldne gute Tugend: Lüge nie!
eher stier ebnete die wege, weideten bereits rehe. (Thomkins)

Suche weiter!

A.2.1.3. Rückwärts und vorwärts verschieden:

BART	&	TRAB
SARG	&	GRAS
LAGE	&	EGAL
NEBEL	&	LEBEN

LESE NIE FALSCH! Kennst du noch andere?

A.2.2. Palindrom-Rätsel

A.2.2.1. Ausfüllrätsel: von hinten und von vorn verschieden

Die gesuchten 13 Wörter sind Palindrome, die von vorn nach hinten und umgekehrt gelesen einen verschiedenen Sinn ergeben.

gar nicht – unbest. Artikel
Wiesenpflanze – Totenschrein
Niederschlag – Farbiger
Währung – unnützes Zeug
Elend – Klang
Gangart des Pferdes – Gesichtshaar
Gestell – Vorrat
Imperativ von: »reiten« – Lebewesen
best. Artikel – Schwur
Vergangenheit von »durch die Luft bewegen« – Sportart
Wasserdampf – existieren, sein
Stellung – gleichgültig
handeln – Fuge, Rinne

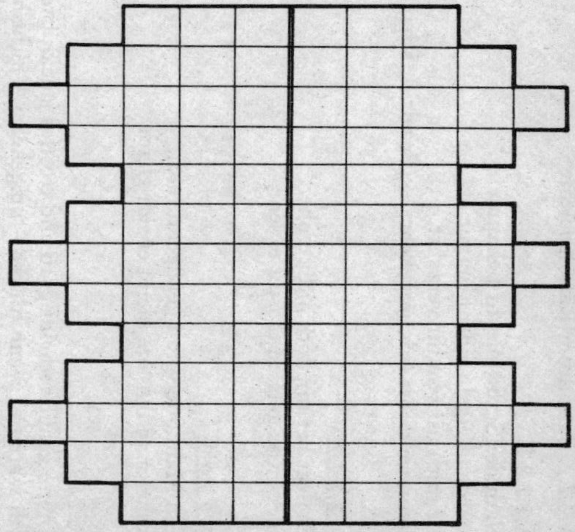

A.2.2.2. Palindrom-Rätselgedichte

A.2.2.2.1.
Nach der Stadt, die dir bekannt,
wurden Kugeln einst benannt,
die mit Lust von ihr verzehrt,
wenn sie selbst sich umgekehrt. (Friedrich Schaefer)

A.2.2.2.2.
Es liegt herum, doch nicht umher,
rückwärts gelesen täuscht es sehr.

A.2.2.2.3.
Ein Mann, der grad genügend reich,
kehrt man ihn um, bleibt er sich gleich.

A.2.2.2.4.
In ihn gehüllt scheint grau und trostlos jede Stätte.
Ich wäre tot, wenn ich ihn – umgekehrt – nicht hätte.

A.2.2.2.5.
Ich bin ein mächtiger Gott, nach alter Erfindung der Griechen,
aber ein schmales Land Afrikas, kehrst du mich um.
(August von Platen)

A.2.2.2.6.
Wenn du vorwärts mich beherrschst, darfst du fröhlich lachen;
rückwärts kann dir alles sein, was die Gegner machen.
(Franz Brentano)

A.2.2.2.7.
Vorwärts am Menschenfuß, am Pferdehuf;
Rückwärts, dem Schützen, Fährmann gilt der Ruf.
(Franz Brentano)

A.2.2.3. Eine fast alltägliche Geschichte

In die 17 leeren Stellen der folgenden Geschichte sind 15 Palindromwörter einzusetzen. Die Palindrome ergeben vorwärts und rückwärts gelesen den gleichen Sinn; die Anzahl der Buchstaben wird durch die Zahl der Punkte wiedergegeben.

Gerhard und sein Freund . . . . waren an ihrer Schule bekannt wie bunte Hunde. . . . . . fielen ihnen neue Streiche ein, und manche schlimme . . . ging auf ihr Konto. »Kein Wunder«, sagte ihr Englischlehrer, »daß sie uns Lehrer immer . . . . : erstens sitzt Gerhard . . . . , und so etwas . . . nie gut; und zweitens liegt es bei denen in der Familie: sie sind nämlich . . . . Ihre Nichte . . . . war vor ein paar Jahren hier an der Schule; ihren jetzigen Nachnamen kann ich nicht . . . . ; vor ihrer . . . mit einem alten . . . . war sie fast so schlimm wie die beiden.«

. . . – dieser Lehrer schweifte immer ab. Mit seinen grauen Haaren und mit seiner Brille sah er aus wie ein . . . , und er konnte auch so schlecht sehen wie einer. Deshalb waren die beiden Jungen bei ihm mit ihren Streichen etwas . . . . . als bei seinen Kollegen; bei ihm fielen ihnen immer besondere Sachen ein. Bei Klassenarbeiten z. B. klebten sie . . . . . die Englisch-Vokabeln auf große Plakate an die Decke des Klassenzimmers: die waren die . . . . . . in der Not für sie und viele ihrer Klassenkameraden.

A.2.3. Palindrom-Gedichte

A.2.3.1. Timm Ulrichs

s
s s
t
t t
s t e t s
t t
t
s s
s

Was könnte die kreisförmige Anordnung der Buchstaben bezwecken?

A.2.3.2. Franz Mon

r
o r o
t o r o t
o t o r o t o
r o t o r o t o r
o t o r o t o
t o r o t
o r o
r

Was ist mit der unterschiedlichen Buchstabengröße beabsichtigt? Versuche, den Text nach verschiedenen Richtungen zu lesen. Was ergibt sich?

A.3.1.
Abbau: Wörter im Wort

```
SCH.A..F...
....AR...E.
SCH.AR...EN
..H.AR.F.E.
.....RAFFEN
S...ARA....
...L..AFFEN
..H.A..F.EN
..H.AR....N
....ARA....
SCH.AR..F..
......AFFEN
SCHL..AFF..
SCH...AFFEN
SCHLARAFFEN
```

(Hans Manz)

A.3.1.1. Einzel- oder Gruppenwettspiel. Sucht irgendein längeres Spielwort und bildet daraus nach dem obigen Beispiel die Bausteine des Wortes. Nach einer vereinbarten Zeit (etwa fünf bis sieben Minuten) wird abgebrochen. Wer am wenigsten Wörter hat, liest vor, die anderen streichen auf ihrem Blatt die gemeinsamen Wörter. Wer am Schluß die meisten Wörter übrig hat, wird zum Leiter der Abbrucharbeiten ernannt und muß das nächste Spielwort finden.
Beispiele für Spielwörter: PORZELLANKISTE, AUTOWASCHANLAGE, KREISVERKEHR, EISENBAHNSCHIENE.

A.3.2. Aufbau

A.3.2.1. Wortkette

Aus einem zwei- bis dreibuchstabigen Wort werden durch Hinzufügen von jeweils einem Buchstaben immer neue Wörter gebildet. Dabei dürfen die Buchstaben umgestellt, aber nicht ausgetauscht werden; die Zerlegung in mehrere Wörter ist zulässig. Hier das Beispiel einer solchen Wortkette:
Ei – Eis – Sieb – Biest – Besitz – Beisitz – Sie Blitz! – usw.
Baue die folgenden Wortketten weiter:
Ei – Eid – Lied – . . . . . .
ab – Bar – Trab – . . . . . .
Erfinde selber Wortketten. Baue sie nach folgendem Beispiel in eine Geschichte ein und lasse deine Klassenkameraden raten. Du kannst die Sache erschweren, wenn du bei gleicher Buchstabenzahl Anagramme bildest.
Setze die Wortkette in die folgende Geschichte ein, die Anzahl der Punkte gibt die Anzahl der Buchstaben an, ä ist gleich ae!

Der neue Lehrer
. . Tag des ersten Nachmittagunterrichts sahen ihn die Schüler zum ersten . . . . Und gleich wollten sie versuchen herauszufinden, was für ein Typ von Lehrer er war. So spielte Horst, der in der ersten Bank saß, den flegelhaften Schüler. Er hatte anscheinend sein Mittags . . . . noch nicht beendet: er kaute mit vollen Backen wie eine Kuh, die Gras . . . . . . mampft. Der neue schien entweder ein ganz moderner oder ein ganz . . . . . . Lehrer zu sein, er merkte nichts. Wenn er so im . . . . weitermachte, dachte Horst, würde er nicht . . . . darin werden; dafür wollte er schon sorgen. Doch Horst hatte an diesem Nachmittag bald genug, sein Eifer . . . . fürs erste. Soll der neue doch, wenn er will, denken, er . . . . im Geiste. . . . . , in denen er es mit den Schülern schwerer hat, wird er auch noch so genug finden. Überhaupt, morgen war auch noch ein Tag!

A.3.3. Zusammenbau

Lewis Carroll: Der Zipferlake

Verdaustig wars, und glasse Wieben
Rotterten gorkicht im Gemank;
Gar elump war der Pluckerwank,
Und die gabben Schweisel frieben.

»Hab acht vorm Zipferlak, mein Kind!
Sein Maul ist beiß, sein Griff ist bohr!
Vorm Fliegelflagel sieh dich vor,
Dem mampfen Schnatterrind!«

Er zückt' sein scharfgebifftes Schwert,
Den Feind zu futzen ohne Saum,
Und lehnt' sich an den Dudelbaum
Und stand da lang in sich gekehrt,

In sich gekeimt, so stand er hier:
Da kam verschnoff der Zipferlak
Mit Flammenlefze angewackt
Und gurgt' in seiner Gier.

Mit eins! und zwei! und bis aufs Bein!
Die biffe Klinge ritscheropf!
Trennt er vom Hals den toten Kopf,
Und wichernd sprengt er heim.

»Vom Zipferlak hast uns befreit?
Komm an mein Herz, aromer Sohn!
O blumer Tag! O schlusse Fron!«
So kröpfte er vor Freud.

Verdaustig wars, und glasse Wieben
rotterten gorkicht im Gemank;
Gar elump war der Pluckerwank,
Und die gabben Schweisel frieben.

[...]

»Das reicht fürs erste«, unterbrach sie Goggelmoggel[1]; »da kommen schon recht viele schwere Wörter vor. ›*Verdaustig*‹ heißt vier Uhr nachmittags – wenn man nämlich noch *verdaut*, aber doch schon wieder *durstig* ist.«

»Das paßt sehr gut«, sagte Alice; »und ›*glaß*‹?«

»Nun, ›*glaß*‹ heißt ›glatt und naß‹. Das ist wie eine Schachtel, verstehst du: zwei Bedeutungen werden dabei zu einem Wort zusammengesteckt.«

»Jetzt versteh ichs schon«, sagte Alice nachdenklich.

»Und was sind ›*Wieben*‹?«

»Also, ›*Wieben*‹ sind so etwas Ähnliches wie Dachse – und wie Eidechsen – und so etwas Ähnliches wie Korkenzieher.«

»Das müssen aber sehr merkwürdige Geschöpfe sein.«

»Das wohl«, sagte Goggelmoggel; »sie bauen außerdem ihre Nester unter Sonnenuhren – und außerdem fressen sie nur Käse.«

»Und was ist ›*rottern*‹ und ›*gorkicht*‹?«

»›*Rottern*‹ ist das gleiche wie ›rotieren‹, das heißt: sich schnell drehen. ›*Gorkicht*‹ heißt alles, was sich in Kork einbohrt.«

»Und ein ›*Gemank*‹ ist dann wohl der freie Platz um eine Sonnenuhr von der Art, wie sie oft in einem Park stehen?« fragte Alice, über ihre eigene Scharfsinnigkeit verwundert.

»Freilich. Dieser Platz heißt ein ›*Gemank*‹, denn *man* kann rechts darum herumgehen, *man* kann links darum herumgehen –«

»Aber darunterweg kann *man* keineswegs«, schloß Alice.

»Genau das. Nun also: ›*elump*‹ heißt ›elend und zerlumpt‹ (schon wieder ein Schachtelwort, wie du siehst). Ein ›*Pluckerwank*‹ ist ein magerer, unansehnlicher Vogel, bei dem die Federn kreuz und quer durcheinanderwachsen – er sieht etwa aus wie ein lebendiger Mop.«

1. Das Mädchen Alice begegnet in Lewis Carrolls Erzählung »Alice hinter den Spiegeln«, der diese Episode entnommen ist, in einem seiner traumhaften Abenteuer dem Goggelmoggel, einer seltsamen eiförmigen Gestalt. Goggelmoggel kann Alice ein Gedicht erläutern, das sie in einem Buch gefunden, aber nicht verstanden hat.

»Und die *›gabben Schweisel‹*?« fragte Alice; »wenn es Ihnen nicht zuviel wird.«
»Nun, ein *›Schweisel‹* ist eine Art grünes Schwein; aber bei *›gabben‹* bin ich nicht ganz sicher. Ich glaube aber, es ist abgekürzt und heißt ›vom Weg ab‹ – soviel wie ›verirrt‹, verstehst du?«
»Und was heißt ›sie *frieben‹*?«
»Nun, *›freiben‹* ist ein Mitteldding aus Bellen und Niesen, begleitet von Gepfeif; vielleicht hörst du einmal, wie etwas freibt – dort drüben im Wald etwa – und dann fragst du bestimmt nicht weiter.

A.3.3.1. Lexikonster

Hier wird aus zwei verschiedenen Wörtern ein neues zusammengebaut (sog. Schachtel- oder Portemanteau-Wort). Das erste Wort wird an irgendeiner Stelle abgebrochen, vom zweiten Wort wird der Anfang weggestrichen, so daß eine beliebige Wortkombination entsteht. So ist der Name des Spiels entstanden aus LEXIKON und MONSTER.
Jeder bildet nun mindestens ein solches Lexikonster. Dazu gibt er eine Beschreibung ab über das, was dieser Gegenstand, dieses Tier, diese Pflanze usw. zu bedeuten hat, wie er aussieht, wozu man ihn gebrauchen kann. Das alles geschieht ganz in der Art einer ausgedehnten Lexikondefinition. Die Bereiche, aus denen die Begriffe stammen, können völlig frei gewählt werden, sie dürfen auch beliebig kombiniert werden.
Beispiel: Chrysalke
Eine schweizerische Alpenpflanze, deren Name noch aus heidnischer Zeit stammt. Sie gilt heute noch in entfernten Alpentälern als Allheilmittel gegen Krankheiten. Sprachwissenschaftler nehmen an, daß der Name der Pflanze aus Chrys (= Chrüess Gott) und einer Entstellung des Namens »Balder« (einer altgermanischen Gottheit) entstanden ist. Einem Gerücht zufolge ist die Pflanze neuerdings vom Aussterben bedroht, da die pharmazeutische Industrie ganze

Gebiete vom Flugzeug aus mit Pflanzengift besprühen soll, nur um die Chrysalke auszurotten und so eine unerwünschte Konkurrenz aus dem Wege zu haben. Die Pflanze soll nämlich – so lautet das Gerücht weiter – in der Lage sein, die gesamte Arzneimittelindustrie unnötig zu machen.

Jetzt muß die Klasse erraten:

(1) aus welchen zwei Grundwörtern das Lexikonster gebildet wurde (hier ist es entstanden aus CHRYSAntheme und neLKE);

(2) wer in der Klasse der Verfasser dieses Lexikonsters ist.

Wenn ihr genügend Lexikonster zusammenhabt, legt ein Nonsens-Lexikon an, in dem die Definitionen und Illustrationen enthalten sind.

A.3.4. Ausbau

A.3.4.1. Im folgenden Gedicht von Detlef von Liliencron ist der Name des Mädchens versteckt, an das das Gedicht gerichtet ist:

Akrostichon

Hell leuchtet die Sonnen,
Es zwitschern die Schwalben,
Leis rauschen die Bronnen,
Ein Glanz allenthalben. –
Nur such ich vergebens in Garten und Au:
Ein Röslein zu schauen im perlenden Tau.

A.3.4.2. Gefüllte Kalbsbrust

Wir vereinbaren ein Wort von fünf bis zwölf Buchstaben, das nach Möglichkeit schwierige Buchstaben wie C, J, Q, X, Y nicht enthalten soll. Das Wort wird auf der linken Blattseite von oben nach unten, auf der rechten Blattseite von unten nach oben geschrieben. Jetzt müssen die Zwischenräume ausgefüllt werden. Nach einer vorher vereinbarten Zeit (etwa fünf Minuten) hören wir auf, die eingesetzten Wörter werden vorgelesen. Jeder Mitspieler streicht die Wörter, die genannt werden, wer am Schluß die meisten Wörter übrigbehält, darf das neue Spielwort vorschlagen.

Hier ein Beispiel:

S-	äbe	-L
P-	rodukt	-E
I-	rm	-I
E-	infuhrsto	-P
L-	eserkrei	-S

A.3.5. Buchstabenrätsel (Logogriph)

A.3.5.1.
Steckst du ein Haus in eine deutsche Stadt,
weißt du den Mann, der stets gelogen hat.

A.3.5.2.
Verschwindet es aus dem Gesicht,
dann liebt man's nicht.

A.3.5.3.
Heiß bin ich, wenn ich bleibe ganz.
Doch kürzt man mich mit Gewalt
um meinen Kopf und meinen Schwanz,
gleich werde hart ich dann und kalt.

A.3.5.4.
Seht ihr drin vier Spiele,
stets ein Spieler ist's;
fehlen die vier Spiele,
klar wie Wasser ist's.

A.3.5.5.
Du in der Mitte von Geld,
wer das nicht für eine Tugend hält.

A.3.5.6.
Aus dem Hühnerhof

Eine Henne vor Schreck
legt' ein Ei in den Dreck;
damit machte sie nur
eine schöne Figur. (Ernst Buschor)

A.3.5.7.
Schwörst du's in der Hitze,
magst du dich fragen,
wird's ohne Spitze
nicht an dir nagen. (Franz Brentano)

A.3.5.8.
Rat, wenn du kannst!
Es nennen einen Wanst
Fünf Zeichen dir,
und auch die letzten vier. (Franz Brentano)

A.3.5.9.
Schmeicheln und Streicheln
lieblicher Kinder –
nenn das Gelindeste! –
Ich bin gelinder.

Tausche den Mittellaut!
Über den Steg
Geh ich zur Seite dir,
Sichre den Weg. (Franz Brentano)

B. Lautspiele

B.1. Rechtschreibung fünf

Heinz Erhardt: Rechtschreibung

Delfine schwimmen schnell und leis
(man schreibt sie mit »ph« – ich weiß;
doch schreibt man ja auch Tele»f«on,
und das bereits seit langem schon) –
sie schwimmen (wie gesagt, mit »f«) –
sie schwimmen – vorn ihr alter Scheff
(wir schreiben schließlich auch »Schofför«) –
sie schwimmen also durch das Meer.

Was heißt durchs »Meer«? – Sogar durch »Meere«!
Und manche altgediente Mähre,
wie überhaupt so manches Ferd
(mit »V« wär' es *total* verkehrt)
laubt, es sei schnell wie ein Delphien!
as zweite »e« ist schlecht für ihn.)

hogravieh – das sieht man hier –
icht ganz leicht für Mensch und Tier!

In den folgenden Beispielen ist die Trennung von n und Satzteilen fehlerhaft. Finde die richtige Treneraus!

t, Wer einmal lügt, dem glaubt man, nicht?

en, die behängt man, die Kleinen läßt man laufen.

in Mann an eine Wand:
r hab ich an jeder Hand
nzig an Händen und Füßen.
a fehlen, das müßt ihr wissen ...

B.1.1.4. Der Lehrer sagt Fritz ist ein Idiot.

B.1.1.5.
Ungarweine
Hautkrankestudenten
Losangeles
Lieblosemädchen

B.1.1.6. Sätze

O mana gelti mest rich kis ten!
Ach medni est weiler densch nu pfenhat.
Wie deho pfei ersin dan ders alsra bene ier. (Hans Manz)

Mach weiter! Sprich vor und laß deine Klassenkameraden raten!

B.1.2. Küchenlatein und verwandte Sprachen

B.1.2.1. In den folgenden Beispielen stimmt nicht nur die Trennung nicht, sondern auch die Rechtschreibung hat Haken und Ösen. Übersetze diese Beispiele:

Dicu rentum denserum.
Vena laus amoris: pax, trux bisi totis!
Erasmus, Siasmus.
Sivin aetsi!
Cuclefant densias.
Mageris ter dixi.

Du kennst sicher weitere Beispiele!

B.1.2.2. Hier haben Franzosen und Engländer versu[cht,] Deutsch zu schreiben:

B.1.2.2.1. Der Jäger aus Bordo

Es war einst ein Mann in Bordeaux,
den stach eines abends ein Fleaux.
Er suchte das Tier
bis nachts um halb vier
und schrie dabei: »Au, mein Popeaux!«

B.1.2.2.2. Der Lurch von Limosch

Ein Knabe fing, unweit Limoges,
mitten im Wald einen Froges,
  und den steckte er nett
  seiner Schwester ins Bett.
Weshalb ihn sein Vater verdroges.

B.1.2.2.3. Das Orchester aus Wuster

Einem Dirigenten aus Worcester
wurde augenblicklich zappendorcester.
  Gleich hörte er auf,
  gab es nur einen Schnauf,
geschweige im Saal einen Horcester.

B.1.2.2.4. Von Datsch nach Liwerpuhl

Ein Schweinezüchter aus Dodge
erzählte aus Quodge
  er kam auf 'nem Stool
  bis nach Liverpool.
Da bewarfen ihn alle mit Modge.

B.2. Zungenbrecher

Hottentotten . . .

Wie Euch vielleicht bekannt sein dürfte, gibt es im Hottentottenlande das »Känguruh« oder die »Beutelratte«. Besagte Beutelratte pflegte man in Gattern, genannt Kotter, aufzubewahren, welche mit Lattengitter- und Wetterschutzvorrichtungen versehen sind. Man nennt sie infolgedessen Lattengitterwetterkotter und die Beutelratten, die man darin aufbewahrt, die Lattengitterwetterkotterbeutelratten. Nun lebte im Hottentottenlande eine Hottentottenmutter, welche zwei Kinder hatte, die stotterten und an Trottolosis litten; man nannte sie infolgedessen Hottentottenstottertrottelmutter. Auf besagte Hottentottenstottertrottelmutter wurde ein Attentat verübt, und man nannte den Attentäter den Hottentottenstottertrottelmutterattentäter. Besagter Hottentottenstottertrottelmutterattentäter wurde jedoch gefangengenommen und in ein Lattengitterwetterkotter gesperrt, in dem sich eine Lattengitterwetterkotterbeutelratte befand. Nach einiger Zeit kniff die Lattengitterwetterkotterbeutelratte aus, und wiederum nach einiger Zeit meldete sich auf dem Bürgermeisteramte ein Mann und sagte: »Herr Bürgermeister, ich habe die Beutelratte gefangen.« – »Ja, *welche* Beutelratte haben Sie denn gefangen?« – »Herr Bürgermeister, ich habe die Beutelratte gefangen, die in dem Lattengitterwetterkotter saß, in dem der Hottentottenstottertrottelmutterattentäter gefangen war.« – »Ach so«, sagte der Bürgermeister, »da haben Sie also die Hottentottenstottertrottelmutterattentäterlattengitterwetterkotterbeutelratte gefangen? Nun, dann nehmen Sie hier die Hottentottenstottertrottelmutterattentäterlattengitterwetterkotterbeutelrattenfangprämie in Empfang und gehen Sie befriedigt nach Hause.«

B.2.1. Du kennst sicher weitere Zungenbrecher. Gib sie deinen Klassenkameraden zum Nachsprechen auf.

B.2.2. Nachtblaue Nilpferde

Zungenbrecher kann man auch selbst erfinden. Man geht von dem Anfangsbuchstaben einer Zahl zwischen 1 und 9 aus, und je nach dieser Zahl müssen 1 bis 9 Wörter angehängt werden. Es kommt nicht auf den Sinn an, was zählt, ist Geschwindigkeit.

Beispiele:

Ein Eselreitergehilfe.

Neun nichtswürdige, niesende, niemals nach nassen Nixen nickende nachtblaue Nilpferde.

B.2.3. Eigenlob stabt

Bernhard Bruno Braunes, bürgerlichen Brauhausbesitzers bei Braunau, berühmte bayrische Bierhymne:

Biedere brave Bierbrauerburschen bereiten beständig bitteres, braunes bayrisches Bier, bekanntlich besonders billiges Bedürfnis brüderlich-behaglich beisammenbleibender bürgerlicher bayrischer Biertrinker. Bierfeindlich betörte Bacchusbrüder behaupten bisweilen bestimmt, Bier beherrsche Bayern, berausche bald, befriedige bloß betrunkene biedere Bauern, bereite böses Blut, begründe breite Bäuche, befördere blinden Blödsinn, breche bedauerlichen Begriffen bodenlose Bahn: begeistert Bacchus besser? Bevor begründete Beweise Besseres bewähren, bleibt's beim Besseren! Bleibt bayrisches Bier bei braunem Becherblinken, bleibt bayrisches Blut bei braunem Bier!

Mach nach diesem Beispiel Reklame für dich selbst! Verwende nur Wörter, die auf den Anfangsbuchstaben deines Vor- oder Nachnamens staben.

B.2.4. Schnellsprecher: Sprich jede Zeile mehrmals und so schnell wie möglich!

Die Sonn' scheint über uns ins Bett.
Schorsch heißt mein Vater.
Rotsamtkleid.
(Du Ferkel!!!)

B.3. Scharaden

Yaak Karsunke: sprachmatt

```
ein     drat    zwei    drei
   qua     aus     und     ßig
hel     zwei    drei    dunk
   len     und     ßig     len
qua     ten     det     el
   dra     bil     die     fen
bein    ste     ma      ma
   kü      der     the     tik
```

I/1
ein helqua-bein
qualen drakü
drat zweitenste
aus und bilder
zwei drei detma
und ßig diethe
dreidunk elma
ßiglen fen tik

I/2
ein
hel-quadrat
qualen zwei aus zwei
be-indraten und drei und drei
küste bildet ßigdunkßig
derma die ellen
thema fen
tik

I/3
bein kü
quadraste der
hellen ten bilmathe
einquazwei und det diematik
drat aus dreißig elfen
zwei und dunklen
dreißig

B.3.1. Suche die Spielregel, nach der die einzelnen Strophen des Gedichts gebaut sind. Wie könnte man das Gedicht vortragen?

B.3.2. Scharaden-Pantomime

Hier werden Begriffe, Zitate oder Sprichwörter wort- oder silbenweise zerlegt und einzeln pantomimisch dargestellt. Bei der Darstellung darf nicht gesprochen werden, ob Ge-

räusche zugelassen sind, muß vorher ausgemacht werden. Requisiten und Verkleidungen dürfen benutzt werden. Die Anzahl der Silben oder Wörter kann – muß aber nicht – vorher bekanntgegeben werden.
So würde also das Wort »Lehrerhandbuch« aufgeteilt werden in Lehrer – Hand – Buch; das Wort »Sonnenaufgang« in Sonnen – auf – Gang. Bei Zitaten und Sprichwörtern läßt man Wörter, die zum Verständnis nicht unbedingt nötig sind, am besten weg; so wird also »Die Axt im Haus erspart den Zimmermann« zusammengestrichen auf Axt – Haus – sparen – Zimmermann.

B.3.3. Scharaden-Rätsel

B.3.3.1.
Mein erstes ist nicht wenig,
mein zweites ist nicht schwer,
mein Ganzes läßt dich hoffen,
doch täuscht es manchmal sehr. (Paul Heyse)

B.3.3.2.
Zweisilbig ist's im Nu entflohn,
doch setzest du in seine Mitte
dies Wörtchen als der Silben dritte,
ist's ewiger Verdienste Lohn. (Paul Heyse)

B.3.3.3.
Das erste Wort seht ihr in jeder Schar.
Ade! so ruft mein zweites immerdar
den Scheidenden, wenn sie uns lieb gewesen.
Das Ganze habt ihr eben jetzt gelesen.
(Johann Peter Hebel)

B.3.3.4.
Die erste Silbe frißt,
die andre Silbe ißt,
die dritte wird gefressen,
das Ganze wird gegessen. (Gustav Theodor Fechner)

B.3.3.5.
Ein Schmerz, ein Ausruf und ein ewig Nein
wird stets der Grund von aller Freundschaft sein.
(Franz Brentano)

B.3.3.6.
Wer rät, wie das Letzte im Glas, ein Schrei,
und eine Soldatenportion dabei
ein Ort zum essen und trinken sei? (Franz Brentano)

B.3.4. Christian Morgenstern: Das Löwenreh

Das Löwenreh durcheilt den Wald
und sucht den Förster Theobald.

Der Förster Theobald desgleichen
sucht es durch Pirschen zu erreichen,

und zwar mit Kugeln, deren Gift
zu Rauch verwandelt, wen es trifft.

Als sie sich endlich haben, schießt
er es, worauf es ihn genießt.

Allein die Kugel wirkt alsbald:
zu Rauch wird Reh nebst Theobald ...

Seitdem sind beide ohne Frage
ein dankbares Objekt der Sage.

B.3.4.1. Reh-Pirsch

Bei dieser Pirsch suchen wir weitere Nonsens-Rehe. Wir überlegen uns einige Wörter, in denen das Reh versteckt ist, geben eine Beschreibung dieses Wortes und lassen die anderen raten. Ob dabei Rechtschreibung oder Silbentrennung einwandfrei sind, kümmert uns nicht.

Beispiele:
»Mein Reh wächst auf dem Kopf.« Lösung: Haa-*re*.
Oder: »Mein Reh stammt von einer Insel westlich Großbritanniens.« Lösung: I-*re*.

Weitere Spielwörter: Po*re*, Wa*re*, Fuh*re*, Paa*re* ...
Das Reh kann sich aber überall in einem Wort verstecken: *Re*alschule, *Re*dakteur, *Re*chnen, *Re*ligion, *Re*klame; oder: Di*re*ktor, Auf*re*gung usw.

C. Spiel mit der Wortgestalt

C.1. Zahlenre4e

Kleiner Streit

»Ich bin 2fellos größer als du«,
sprach zum Einer der Zweier.

»3ster Kerl, prahle nicht so!«
knurrte der größere Dreier.

»Und ich!« rief der Einer, »bin zwar der kl1te,
aber dafür bestimmt auch der f1te.«

Nein, mir gibt man sogar noch den Sch0er«,
piepste der Nuller. (Hans Manz)

C.1.1. Nun versuch's selber. Verwende die Zahlen von 1 bis 11 in einer Geschichte so, daß sie in ihrer richtigen Reihenfolge statt der Buchstaben in den Wörtern stehen. Also etwa so:
»Den 1ichtigen Vater befielen 2fel. Hatte er alles richtig gemacht? Aus dem Haus ver3ben wollte er seinen Sohn nicht ...«

C.2. Kurzschrift

Heinz Erhardt: Der Pv

Der eitle Pv, meist schlechtgelaunt,
stolziert im Park von Hagenbeck,

und wenn wer kommt, der ihn bestaunt –
was jeder Pv recht gerne hat –
dann schlägt er sein berühmtes Rad
und radelt langsamst damit weg!

C.2.1. Wir ersetzen jetzt die Buchstaben nicht nur durch Zahlen, sondern durch jedes Mittel, das uns einfällt, so wie im obigen Beispiel die Silbe –fau– durch den Buchstaben v ersetzt wird. Schreibt eure Abkürzung an die Tafel, die Klassenkameraden müssen die Bedeutung erraten. Hier ein paar Beispiele:

H +	= Hund (H und)
Ma	= Emma (Em a)
Gs	= Gans (G an s)
Sch 1/8	= Schachtel (Sch achtel)
TD S	= Vorstand (Vor S T an D)
2 g	= Zweige (zwei ge)
	= Sonnenuntergang (Sonnen unter g an g)
KL	= Kamel (K am el)
	= Indianer (In D i an er)

C.3. Typogramme

Typogramme wollen den Inhalt eines Wortes optisch darstellen. Hier sind einige Beispiele, versuche selbst, einige Typogramme zu erfinden.

C.4. Rätsel

C.4.1. Mathematikaufgabe

Wieviel sind
4 Polizisten
7 Rasierklingen
1 Zahnarzt und
1 Kaninchen?

C.4.2. Bilderrätsel

C.4.2.1. Was bedeutet das:

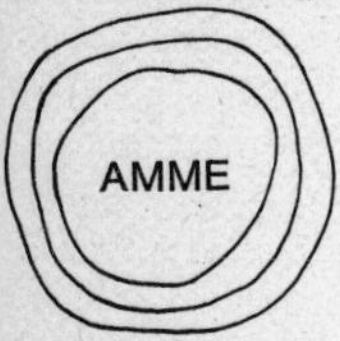

C.4.2.2. Und was könnte dies heißen:

C.4.2.3. Lies:

C.4.2.4. Lies ebenfalls:

Mo $\frac{gg}{nd}$

C.4.2.5. Karl hatte von seinem Onkel Geld geliehen, und er vergaß prompt, das Geld zurückzuzahlen, trotz aller Mahnungen, die der Onkel ihm mit der Post zuschickte. Schließlich wurde es dem Onkel zu bunt, er schrieb einfach eine Postkarte, auf der nur ein einziges Wort stand, nämlich:

GELD!

Karl war im Vorteil, denn er hatte dieses Buch hier schon gelesen. Daher schickte er seinem Onkel die Karte zurück, nachdem er zwei Buchstaben hinzugefügt hatte. Die Karte enthielt jetzt eine eindeutige Antwort. Wie lautete sie?

C.4.2.6. Friedrich der Große und Voltaire

Friedrich der Große, der perfekt Französisch sprach, schrieb an seinen Freund Voltaire eine Einladung:

$\frac{\text{p}}{\text{venez}}$ à $\frac{\text{ci}}{\text{sans}}$

Voltaire antwortete sofort:

Ga!

Was hatten sie sich geschrieben?

D. Spiel mit Bedeutung und Struktur

D.1. Homonyme

Homonyme: gleichlautende Wörter von verschiedener Bedeutung und Herkunft.

Heinz Erhardt: Ein Schulaufsatz

O Glocke! Du hängst am Turm und läutest.
Dein Läuten läutert die Leute, doch Friedrich Schiller hat dich bereits mehr lang als breit bedichtet. Aber auch du,

kleine Glocke am Wecker, verdienst unsere Liebe. Jeden Morgen erweckst du uns und damit in uns das Gefühl der Dankbarkeit dafür, daß wir endlich wieder unserer geliebten Arbeit nachgehen dürfen.
Nur dich, die du keinen Laut von dir gibst, dich, Käseglocke, hat noch kein Dichter besungen; denn du stehst in schlechtem Geruch.
Dabei bist du so wichtig: *alles* ist Käse!

D.1.1. Teekessel

Dieses bekannte Spiel soll in England zu der Zeit entstanden sein, als die Engländer ihre Leidenschaft fürs Teetrinken entdeckten. Es geht so: zwei von euch verabreden ein Wort, das mindestens zwei Bedeutungen hat, ein Homonym also. Nehmen wir an, es sei das Wort »Hahn«, das bedeuten kann (1) Wasserhahn und (2) männliches Huhn. Jeder übernimmt nun eine Bedeutung des Wortes, bei einem Wort mit drei Bedeutungen sind daher drei Mitspieler notwendig. Dann stellt ihr der Klasse die Aufgabe, das gemeinte Wort zu finden. Der eine sagt z. B.: »Mein Teekessel ist im Haus.« Sein Partner sagt: »Mein Teekessel ist meist beim Haus« usw. So beschreibt ihr Form, Farbe und andere Eigenschaften eures Teekessels. Sobald einer aus der Klasse glaubt, er habe euren Teekessel erraten, beginnt er mitzuspielen, aber er darf das Wort nicht nennen, sondern muß dafür ebenfalls Teekessel sagen, z. B.: »Dein Teekessel ist lebendig.« Sobald die meisten in der Klasse den Teekessel herausgefunden haben, wird das Spiel beendet und ein neues Homonym gesucht.

Beispiele für Teekessel-Wörter:

Ente: (1) Vogel, (2) falsche Zeitungsnachricht, (3) Auto
Strauß: (1) Blumenstrauß, (2) Vogel, (3) Gefecht, (4) Politiker oder Musiker
Weitere Homonyme: Bank, Birne, Feder, Gericht, Krone, Paß, Satz, Schloß, Stift, Tor, Welle . . .

D.1.2. Hans Adolf Halbey: Sprengkraft

Gestern hat Vater den Rasen gesprengt –
bauz! – der Rasen flog in die Luft!

Und Willie hat eine Versammlung gesprengt –
zehn Liter Wasser brauchte der Schuft!

Was meint ihr: Wenn man den Steinbruch sprengt –
gehn dann die Steine von der Versammlung nach Hause?

D.1.2.1. Kuckuckseier

Suche andere Verben, die mindestens zwei Bedeutungen haben. Wende sie wie im obigen Beispiel in der falschen Umgebung in mehreren Sätzen an, um die Bedeutungsfremdheit deutlich zu machen. Hier sind einige Verben für den Anfang:
zusammentreten: (1) eine Versammlung tritt zusammen; (2) etwas zusammentreten
lesen: (1) ein Buch; (2) Wein lesen
laden: (1) einen Wagen; (2) einen Gast; (3) ein Gewehr; (4) vor Gericht laden
geladen sein: (1) eingeladen? (2) betrunken? (3) wütend?
handeln: (1) tun, machen; (2) mit Waren handeln; (3) verhandeln

D.1.3. Homonymen-Rätsel

D.1.3.1.

Mich trägt das Gebirge,
mich tragen die Hähne,
und fehlt mir der Mund,
so hab ich doch Zähne.

D.1.3.2.

Sie verschönern jede Stadt,
glücklich ist, wer gute hat.

D.1.3.3.
Der vom Himmel fällt,
der die Fässer hält,
wenn die Traub' es ist,
die die Fässer schwellt. (Friedrich Rückert)

D.1.3.4.
Was bewegt man, um Fische zu fangen
und um in die Stube zu gelangen? (Friedrich Rückert)

D.1.3.5.
So fang den widrigen Gesell, bevor er mehr dich plagt;
ich kann nicht, denn er tat gar schnell, was uns sein Name sagt.

D.1.3.6.
Wir sind's gewiß in vielen Dingen,
im Tode sind wir's nimmermehr,
die sind's, die wir zu Grabe bringen,
und eben diese sind's nicht mehr.
Denn, weil wir leben, sind wir's eben
von Geist und Angesicht;
und weil wir leben, sind wir's eben
zur Zeit noch nicht. (Friedrich Schleiermacher)

D.1.3.7.
Es bleibt es am Grabe der Weise;
es ist es am Ringe der Stein;
es wird es, fehlt's am Fleiße,
am Ohr das Schülerlein. (Franz Brentano)

D.1.3.8.
Ich bin ein Gewinn
im Whist und im Skat,
und, läßt man dich drin,
so schreist du: Verrat. (Franz Brentano)

Kuriositäten

Ein passendes Korsett für einen Meerbusen;
etwas zu schmecken für eine Landzunge;
einen Schleier für das »Auge der Nacht«;
Vorhänge für das Bett des Flusses;
einen Ärmel für einen Meeresarm;
eine Form für einen Volksauflauf;
einen Ring für den Finger der Gerechtigkeit;
das Titelblatt zum Buche der Natur;
ein Paar Pantoffeln für die Versfüße;
einen Blumentopf für eine Gesichtsrose;
einen Kalender für die Flegeljahre;
einen Löschmann für den Feuerbach, und
eine vollständige Einrichtung für ein Ungemach.

D.2.1. Kuriositäten-Kabinett

Wir stellen in Gruppen eine Ausstellung von Kuriositäten zusammen (die Kuriositäten müssen nicht in Wirklichkeit vorhanden sein, ihre Abbildung tut's auch). Hilfsmittel – wie Lexika von Redensarten und Sprichwörtern – dürfen benutzt werden. Hier einige Beispiele für solche Kuriositäten:
eine Flasche von dem *Wasser*, das unseren Abiturienten gerade bis zum Hals steht;
die *Falle*, die die Lehrer uns mit ihren Klassenarbeiten stellen;
das *Buch mit den sieben Siegeln*, das die Mathematik für mich immer noch ist;
die *Kuhhaut*, auf die diese Sammlung hier gar nicht geht ... usw.

D.2.2. Seltsamkeiten

Wißt ihr, was seltsam ist?
Seltsam ist,
wenn ein Schuster seine Kinder vermöbelt;
wenn ein Schreiner seine Frau versohlt;
wenn ein Vater ein Muttermal hat;
wenn ein Kahlkopf etwas haarsträubend findet;
wenn ein Backfisch einen Rabenvater hat;
wenn einer sich im Handumdrehn ein Bein bricht;
wenn ein Imker von seinem sauren Verdienst lebt;
wenn ein Lehrer für voll genommen wird.

D.2.2.1. Was ist:

eine Befreiungshalle?
ein Dauerbrenner?
ein Drahtkasten?
ein Friedhofsjodler?
eine Giftnudel?
ein Goldkäfer?
ein Haararchitekt?
ein Knochenhauer?
der Kies oder die Kohlen?
ein Maulklempner?
ein Pillendreher?
ein Tastenhengst?
ein Sargnagel?
ein Tiefenheini?

Ihr kennt bestimmt noch weitere solche bildhaften Wendungen. Laßt eure Kameraden raten.

D.2.3. Heinz Erhardt: Chor der Müllabfuhr

Kommt! Lasset von Tonne zu Tonne uns eilen!
Wir wollen dem Müll eine Abfuhr erteilen!

Auf! Machen wir, daß jede Tonne sich leere!
Wir sind dazu da, denn wir sind Müllionäre!
Müllirallala, Müllirallala!

D.2.3.1. Neue Berufe, dem Arbeitsamt noch nicht bekannt

Da gibt es nicht nur den angenehmen Beruf des *Müllionärs*, nein da gibt es auch noch die schwere Tätigkeit des *Müllschluckers*. Oder da ist der *Geigerzähler*, der bei jedem Konzert die anwesenden Streichinstrumente zu zählen hat. Oder da ist der *Hosenträger*, der . . .

Mach weiter mit folgenden Beispielen; erfinde neue Beispiele:

Sockenhalter	Lautsprecher
Hühnerleiter	Schürzenjäger
Zitronenfalter	Generalanzeiger
Hosenspanner	Armleuchter
Untersetzer	Brillenträger
Schukostecker	Bullenbeißer
Schraubenzieher	Scheinwerfer
Zahnstocher	Landstreicher ...

D.3. Kalauer

Kalauer: von französisch calembourg, »Wortspiel«; einfaches, nicht sehr geistreiches Wortspiel.

Heinz Erhardt: Urlaub im Urwald

Ich geh im Urwald für mich hin ...
Wie schön, daß ich im Urwald bin:
Man kann hier noch so lange wandern,
ein Urbaum steht nebem dem andern.
Und an den Bäumen, Blatt für Blatt,
hängt Urlaub. Schön, daß man ihn hat!

D.3.1. Kalauer-Pantomime

Bei dieser Pantomime werden die Wörter ohne Rücksicht auf ihre Schreibung in ihre Bestandteile zerlegt und pantomimisch dargestellt. Die Klasse muß erraten, was gemeint sein könnte. Bekannt ist folgendes Beispiel: Eine Reihe von Mädchen läuft ins Zimmer, die letzte in der Reihe ißt ihr Vesperbrot. Was bedeutet das? Die letzte Frist (frißt)!
Weitere Beispiele:
Ein Spieler stolpert an der Tür und fällt ins Zimmer.
Ein Spieler tut so, als wolle er an der Tür lecken usw.

D.3.2. Volksetymologie

Joachim Ringelnatz: Ein männlicher Briefmark

Ein männlicher Briefmark erlebte
was Schönes, bevor er klebte.
Er war von einer Prinzessin beleckt.
Da war die Liebe in ihm erweckt.

Er wollte sie wiederküssen,
da hat er verreisen müssen.
So liebte er sie vergebens.
Das ist Tragik des Lebens!

D.3.2.1. Der Briefmark – die Briefmarke

In diesem Spiel suchen wir zu jeder männlichen Form eines Wortes die entsprechende weibliche. Je weiter hergeholt die Lösung ist, desto besser. Einige Beispiele:

Der Apfel	– die Apfelsine	der Sohn	–
der Kanal	– die Kanaille	der Turban	–
der Katarrh	– die Katharina	der Mantel	–
der Kohl	– die Cholera	der Sultan	–
der Lappe	– die	der Mandarin	–
der Mond	–	der Teer	–
der Paß	–	der Konsul	–
der Serbe	–	der Tribun	–

Mach weiter und laß raten!

D.3.3. Lothar Klünner: Kakokagathie

Zwischen den Kaktussen und Kakteen
erhob sich die Streitfrage: wer kackt wen?
Entschied ohne Kakerlakaien
der Azdak der Kakadus:
Ist es Kakao, dann kack ich es.
Ist es Kacktee, dann kack du's.

D.3.3.1. Eigenwillige Trennungen

Durch eigenwillige Trennungen erhalten manche Wörter einen völlig unerwarteten Sinn. Versuch dich auch selbst einmal:

Autogramm	=	kleinste Gewichtseinheit für Autos
Boy Scout	=	Jungens, kaut!
durchpausen	=	während der ganzen Arbeitszeit nichts tun
Infantrist	=	französisch für: trauriges Kind
Knickerbocker	=	trotziger Geizkragen

Was sind:

Ministrant
Salami
Zugpflaster
Abtritt
Heimkehrer
Urkunde
Zinnober
Zoologe
Spätlese
Kinderlos
Kürbisse
Landjäger
Rasensprenger
Steuerknüppel
Dauerwellen
Cellofan
Platzpatrone
Thüringer

D.3.3.2. Friedrich Rückert: Rätsel

Du, in der Rennbahn des Geistes tummelnd
mit Sporn des Scharfsinns des Witzes Gaul,
nimm dich zusammen! In *einem* Worte
zusammen fasse mir: Löwen-Maul.

Du, dessen Glücksgebäude
Gott schirme vorm Verfall!
Welch Wort ist, das gebietrisch
stets ruft: Herbei Metall!

O du, auf dessen Wangen
der Freude Widerschein ist;
kannst du ein Wort mir sagen,
eines, das zweimal rein ist?

Du, dem das Kleid der Bildung
den Nacken schön umfloß,
kannst du mit *einem* Worte
mir sagen: Nackt und bloß?

Du, dessen Mut nicht schaudert
vorm Dröhnen der Bedränger;
wie kann mit *einem* Worte
man sagen: klare Sänger?

Edler! Wenn dein Vatersbruder
ging im schlechten Wetter aus,
könntest du mit *einem* Worte
ihm nicht sagen: Ei! nach Haus!

D.4. Fremde Sprachen

D.4.1. Hinterhofenglisch:

Speak you also so good English as I?
I would naturally not give on, but I think, too my English can itself hear let.
If you think you can beat me over the ear, you are on the woodway!
Mach weiter!

D.4.1.2. Dasselbe geht in Französisch:

Œuf, œuf, que lac-je!
Pose-toi cela devant!
Viens dans mes pauvres!

D.4.1.3. Oder auf Lateinisch:

Potest sine. (Kanone!)
Ex pulvere se fecit. (Er macht sich aus dem Staub.)
Candelabrum pauper. (Armleuchter)
Ignis quis vir. (Feuer-wehr-mann)
Caesar equus consilium. (Cäsar (p)ferd Rat.)

D.4.2. Kurt Tucholsky: Deutsch für Amerikaner. Ein Sprachführer

Ankunft

Eingang verboten.
Ausgang verboten.
Durchgang verboten.
Herr Gepäckträger, tun Sie diese Koffer auf die leichte Schulter nehmen?
Ich werde mir einen Sonnabend daraus machen, mein Herr.
Ist jene Automobildroschke ledig?
Warten Sie, wir haben noch einen Golfhauer sowie zwei Hüteschächtel.
Dies hier ist ihr Getränkegeld, ist es nicht?
Bezüglich dessen scheint es mir ein wenig wenig. (Sprich: »krieje noch fummssich Fennje!«)
Autotreiber! Geh an! Ich ziehe das Christliche Hospiz vor!
Rauchen verboten.
Parken verboten.
Durchfahrt verboten.
[...]

Konversation

Er ist ein Stockchinese.
Du bist ein Wahlsachse.
Mangels einer Wäschemangel können jene Kragen nicht gewaschen werden.
Meinen Frau Gräfin nicht auch, daß dies ein rechtes Scheißwetter sein dürfte?
Die Berliner Festspiele sind gute Festspiele; aber bei uns in Amerika haben wir die größte Tomatenexportehschn von der Welt.
Leihen Sie mir bitte ihren linken Gummischuh!
Ich habe einen guten Charakter zuzüglich eines Bandwurmes.
Jener Funkturm ist niedlich.
Bitte zeigen Sie mir den Berliner Verkehr.
So hab ich es nicht gemeint!

Dieser Löwe macht einen so zusammengeschmetterten Eindruck.
Ich spreche schon geflossen deutsch; nur manchesmal breche ich noch etwas Rad.
Nach Börlin besuchen wir noch Europa, Persien und Heidelberg, aber am 4. September, acht Uhr erste Minute werden wir New York anfahren. Good-bye – !

Vergleiche die ersten drei Zeilen dieses Auszugs mit den letzten drei Zeilen. Was sagen sie über die gegenseitige Einschätzung von Amerikanern und Deutschen aus?
Was für »Fehler« entdeckst du in diesem Text? Auf welche Kennzeichen der deutschen (bzw. englischen) Sprache sind sie zurückzuführen? Entdeckst du »Fehler«, die nicht auf sprachlichen Ursachen beruhen?

D.4.3. Jean Tardieu: Un mot pour un autre (Ein Wort für das andere). Aus den nachgelassenen Werken des Professors Froeppel

PERSONEN

Die gnädige Frau
Frau von Perleminouze
Herr von Perleminouze
Das Mädchen

VORWORT

Um das Jahr 1900 – einer der seltsamsten aller Epochen – brach eine sonderbare Epidemie unter der Stadtbevölkerung, besonders unter den besitzenden Klassen, aus. Die Unglücklichen, die von dieser Krankheit befallen wurden, nahmen plötzlich ein Wort für das andere, als ob sie die Worte auf gut Glück aus einem Sack schöpfen würden.
Das seltsamste ist, daß die Kranken ihr Gebrechen gar nicht wahrnahmen, daß sie im übrigen geistig gesund blieben, trotz der scheinbar unzusammenhängenden Reden, die sie

führten. Die mondänen Konversationen nahmen, selbst während des Höhepunktes der Epidemie, ihren Verlauf; kurz, das einzige betroffene Organ war das »Vokabular«.

Diese – von mehreren Wissenschaftlern bezeugte – historische Tatsache erfordert folgende Anmerkungen:

daß wir oft sprechen, um nichts zu sagen,

daß wir, wenn wir zufälligerweise etwas zu sagen haben, das auf tausend verschiedene Arten sagen können,

daß die sogenannten Verrückten nur so bezeichnet werden, weil man ihre Sprache nicht versteht,

daß im Verkehr mit Menschen die Bewegungen des Körpers, der Klang der Stimme und der Ausdruck des Gesichtes oft mehr sagen als Worte,

und daß außerdem die Worte an sich keinen anderen Sinn haben als den, den wir ihnen zuzuschreiben belieben.

Wenn wir gemeinsam beschließen würden, daß der Schrei des Hundes »Wiehern« und der des Pferdes »Bellen« genannt werden sollte, dann würden wir ab morgen alle Hunde wiehern und alle Pferde bellen hören.

Wir überlassen es dem Talent der Schauspieler, uns diese paar – übrigens wohlbekannten – Wahrheiten in der folgenden kleinen Szene zu beweisen.

Dekoration: Ein Salon, mehr 1900 als echt.
Wenn der Vorhang aufgeht, ist die gnädige Frau allein. Sie sitzt auf dem »Sofa« und liest ein Buch. In der Ferne klingelt es.

Das Mädchen *(tritt ein).* Gnädige Frau, Frau von Perleminouze ist da.

Die gnädige Frau. Ach, das ist aber eine Vernaschung. Lassen Sie sie schnell zunehmen.

(Das Mädchen geht ab. Die gnädige Frau setzt sich in Erwartung des Gastes ans Klavier und spielt. Eine dünne Musikdosenmelodie erklingt. Das Mädchen kommt wieder, gefolgt von Frau von Perleminouze.)

Das Mädchen *(meldet an).* Frau Gräfin von Perleminouze.

Die gnädige Frau *(macht das Klavier zu und geht auf ihre Freundin zu).* Liebe, liebste Franse! Seit wie vielen Löchern, seit wie vielen Glasperlen habe ich nicht mehr den Bäckerburschen gehabt, Sie zu versüßen!

Frau von Perleminouze *(sehr affektiert).* Ach! Liebe! Ich war selbst sehr, sehr glasig! Meine drei kleinsten Törtchen hatten eines nach dem andern die Nadeln. Den ganzen Anfang Nerz habe ich nichts anderes getan, als Mühlen pflanzen, zum Apfelstrudel oder zum Hocker rennen, ich habe Nächte damit zugebracht, ihren Kohlenstoff zu überwachen, ihnen Stopfen und Rillen zu geben. Kurz, ich hatte nicht eine Mimose für mich.

Die gnädige Frau. Sie Ärmste! Und ich schmuste von nichts!

Frau von Perleminouze. Um so besser! Ich streue mich darüber! Sie haben wirklich verdient, sich anzuschmieren, nach all den Gummis, die Sie verbrannt haben. Hinken Sie doch! Von Jaguar bis Mitte Zebra hat man Sie weder im Waterproof noch unter den Lettern des Migränenwaldes gesehen. Wie geschaufelt müssen Sie gewesen sein!

Die gnädige Frau *(seufzend).* Ach ja! Ach was für ein Bleiweiß! Ich darf nicht daran netzen ohne zu klettern.

Frau von Perleminouze *(vertraulich).* Immer noch keine Pralinen?

Die gnädige Frau. Nicht die geringste.

Frau von Perleminouze. Nicht einmal ein Fetzchen Regenschirm?

Die gnädige Frau. Kein einziges! Er hat nicht einmal geruht, mich wieder flott zu machen, seit der Flut, bei der er mich kariert hat.

Frau von Perleminouze. Was für ein Schnarcher! Sie hätten Funken aus ihm schlagen sollen!

Die gnädige Frau. Das habe ich auch. Ich habe vier, fünf, vielleicht sogar sechs aus ihm herausgeschlagen in wenigen Morasten. Er hat nie zu angeln geruht.

Frau von Perleminouze. Arme, liebe kleine Kamille. *(Träumerisch und verführerisch.)* Wenn ich Sie wäre, würde ich mir einen anderen Lampion nehmen!

Die gnädige Frau. Unmöglich! Man sieht, daß Sie ihn nicht gespannt haben. Er hat einen schrecklichen Zirkus auf mich! Ich bin seine Fliege, seine Pfeife, seine Knäkente, er ist mein spanisches Rohr, mein Handschuh, ohne ihn könnte ich weder kleben noch waten; niemals werde ich ihn kräuseln. *(In verändertem Ton.)* Aber ich hinke, Sie schwemmen sicher gern eine Kleinigkeit, eine Zuluglocke, zwei Finger Loto?

Frau von Perleminouze *(nimmt an)*. Danke, mit größter Sonne!

Die gnädige Frau *(klingelt, klingelt vergebens, steht auf und ruft)*. Irma! Irma! O diese Flasche! Sie ist krumm wie ein Stamm. Entschuldigen Sie, ich muß in die Kirche und diese Galosche maskieren. Ich kopple in einer Mimose zurück.

(Frau von Perleminouze bleibt allein und beginnt zu gähnen. Dann legt sie sich Puder und Rouge auf, geht sich im Spiegel betrachten, gähnt wieder, sieht sich um und gewahrt das Klavier.)

Frau von Perleminouze. Sieh mal an, ein großes Konzertkrokodil! *(Sie setzt sich ans Klavier, öffnet den Deckel, betrachtet das Pult.)* Und hier natürlich das neueste Komödienragout, das jetzt so Mode ist ... oh, das hier, das ist so »to be or not to be«! *(Sie singt ein bekanntes Lied von 1900, aber sie verändert die Worte, z. B.:)*

Ach ich hab sie ja nur
auf die Schulter geküßt
und dafür gab sie mir
einen Schlag ins Gesicht.
(statt dessen:)
Ach ich hab sie ja nur
in die Schleppe gezwickt ...
und dafür gab sie mir
ihren Fahrschein zurück.

(In diesem Augenblick geht die Tür im Hintergrund auf,

und man sieht den Kopf von Herrn von Perleminouze, mit seinem steifen Hut und Monokel. Frau von Perleminouze bemerkt ihn. Er ist ertappt in dem Augenblick, wo er die Tür wieder schließen wollte.)

Herr von Perleminouze *(beiseite).* O Schimmel! Meine Portion!

Frau von Perleminouze *(hört auf zu singen).* O Schimmel! Mein Zebu! *(Streng.)* Adalgons, was tust du hier? Wie bist du hereingewickelt?

Herr von Perleminouze *(zeigt auf die Tür).* Aber hier, durch die Röhre.

Frau von Perleminouze. Und wickelst du öfters hier herein?

Herr von Perleminouze *(verlegen).* Aber nein, meine Liebe, meine Palme, mein Büffel, ich ... ich hoffte dich auszuwaschen, darum bin ich hereingewickelt. Ich ...

Frau von Perleminouze. Das genügt! Ich kratze alles! Du warst das also, dieser geheimnisvolle Handschuh, dessen Pfeife, dessen Knäkente sie war. Ja, du! Du kommst hierher und spielst die Springflut, die schöne Blutwurst, den Zierfuß, während ich, nun, ich flicke mir die Muscheln, um meine armen Törtchen zu wackeln ... *(Mit Tränen in der Stimme.)* Ach! ... Du bist eben ein ... *(In diesem Augenblick tritt atemlos die gnädige Frau ein.)*

Die gnädige Frau *(spricht noch Anweisungen in die Kulisse).* Also Irma, Sie haben geschert, nicht wahr? Zwei kleine Husarenpelze mit Leinenfutter, schön kahle Pullover mit Moos, eine Ruderpforte auf Pascha und kleine Heftpflasterspitzen in der Bremse gebacken. *(Bemerkt den Grafen, beiseite.)* Schimmel! ... Mein Lampion! *(Sie bewahrt indessen Haltung, geht auf den Grafen zu. Mit übertriebener Freundlichkeit, um ihre Verwirrung zu verbergen.)*

Was, Sie hier, lieber Graf? Was für eine gute Tulpe! Sie kommen sicher, Ihre liebe Portion wieder flottmachen? Aber wie sind Sie nur hereingewickelt?

Herr von Perleminouze *(spielt den Ungezwungenen).* Nun, ich stammelte gerade in den Garagen, nach meiner Sitzung im Sleeping; und da habe ich mir gesagt, Irene ist sicher bei ihrer Mehlsuppe. Ich werde sie alle beide auswaschen.

Die gnädige Frau. Lieber Graf *(zeigt auf seinen Hut)*, legen Sie doch Ihre Kandidatur ab! ... Hier ... *(schiebt ihm einen Sessel zu)* nehmen Sie diesen Racker. Sie sind sicher prüde?

Herr von Perleminouze *(setzt sich).* Ja, allerdings, sehr prüde! Die Würzbrühe hat sich hart in die Länge gezogen: es wurde gezappelt, erpreßt, wieder gezappelt, wieder erpreßt, Fleischklößchen wurden in Flokken gestriegelt, ich frage mich, wo sich diese ganze Suppe verkupfern wird!

Frau von Perleminouze *(mit liebenswürdig-gekünsteltem Spott).* Liebste! Mein Zebu scheint sich so kohl zu fühlen in Ihrer reizenden Schonung ... man könnte meinen ... darf ich es mahlen?

Die gnädige Frau *(lachend).* Aber ja! ... nur zu ... ich kitte Sie!

Frau von Perleminouze *(plötzlich ernster, sieht ihre Freundin aufmerksam an).* Nun ja, man könnte glauben, er käme oft hier seine Frösche benagen: er wickelt einfach so herein, den Fußschoner auf dem Ohr, als ob er in seinem eigenen Finisterium wäre.

Die gnädige Frau *(zwingt sich, heftig zu lachen).* Ah! Sie sind immer zu Kerzen angesägt! Was für ein Fensterriegel! ... Aber der Graf ist so gladiol, so *(sie sucht nach Worten)* so eversharp ... so mit Eiderdaunen verbrämt, er würde sich nie mit meiner armseligen kleinen Bettflasche begnügen, noch *(zeigt bescheiden auf den Salon)* mit diesem bescheidenen Saxophon.

Herr von Perleminouze *(sehr galant).* Dieses Saxophon ist ein wundervoller Spucknapf und wird für mich immer voller Wanzen sein, teure Freundin.

Die gnädige Frau. Genug! Man hat aber auch noch

andere Flaschen in seiner Traufe *(angreifend)* nicht wahr, teurer Graf?

Herr von Perleminouze *(stotternd, sehr verlegen).* Aber ich ... was wollen Sie damit schlagen?

Die gnädige Frau. Wie? Man sagt doch, daß Sie sehr oft bei der Generalin Mitropoulos zu sehen sind, und daß Sie heftig ihr Wams jäten, wie ein richtiger Palmbaum des Mittelalters.

Herr von Perleminouze. Aber, aber ... kein Suppentopf! Nicht der kleinste Pfahl in diesem Eierbecher, ich versichere Sie.

Die gnädige Frau *(sich ereifernd).* Jaha! ... und die Franse von Frau Fruchtsaft, hängt sie nicht immer noch an Ihrer Glocke?

Herr von Perleminouze *(verteidigt sich würdevoll).* Aber, aber ... ich kitte Sie!

Frau von Perleminouze *(amüsiert sich über die Szene und ist entschlossen, davon zu profitieren und ihre Vorwürfe unter die ihrer Rivalin zu mischen).* Sieh mal an! Ich sehe, Sie kennen mein Zebu besser als ich selbst. Bravo! ... Und wenn ich zu diesem Pfefferfressen auch noch mein Hirsekorn beitragen würde? Ja, ja mein Lieber: »Wer andern in die Stube schlägt, malt selbst Verein!« Muß ich nicht hinzufügen, daß man dich mit gezücktem Schwert in den Gesimsen der großen Feodora sieht?

Herr von Perleminouze *(sehr Julius-Cäsar-spricht-zu-Brutus-am-Tage-der-Ermordung).* Auch du, meine Kokarde!

Frau von Perleminouze. Hier gibt es keine Kokarde! Nun! Man weiß, daß du mit Lady Braetsel äpfelst!

Die gnädige Frau. Was, mit dieser Wassernuß! *(Ausbrechend.)* Nicht eher mit der Baronin Frikadelle?

Frau von Perleminouze *(springt auf).* Was? Mit diesem kleinen Armleuchter? *(Verächtlich.)* An deiner Stelle, mein Guter, würde ich die alte Birne vorziehen, die beim Pont-Bœuf die Kur macht!

Herr von Perleminouze *(stehend, wehrt sich*

nach rechts und links [...]). Aber, aber, das ist eine Verschwitzung, eine wahre Verschwitzung!

Die gnädige Frau und Frau von Perleminouze *(stoßen ihn und schieben ihn zur Türe).* Mein Herr, Sie sind nichts als eine Schmorpfanne.

Die gnädige Frau. Eine Orgelpfeife!

Frau von Perleminouze. Ein Pendel!

Die gnädige Frau. Eine Jodverbindung!

Frau von Perleminouze. Ein Baldachin.

Die gnädige Frau. Ein Korb voller Motten!

Frau von Perleminouze. Ein Kegelbursche!

Die gnädige Frau. Ein Flitterlieferant!

Frau von Perleminouze. Geh deine Schollen wieder flottmachen und dein Zitronenkraut!

Die gnädige Frau. Gehen Sie auf Ihren Kinnbacken Pantoffeln spielen!

Beide zusammen. Gehen Sie! Gehen Sie!

Herr von Perleminouze *(öffnet die Tür hinter sich und geht rückwärts, mit dem Gesicht zum Publikum hinaus).* Gut! ... Gut! ... Ich verkomme. Ich biete Ihnen meine Garnituren. Ich möchte Sie nicht stauen! Ich entkorke mich! Ich läppere mich! *(Verbeugt sich gegen die gnädige Frau.)* Gnädige Frau, teures Kamin ... *(Dann zu seiner Frau.)* Meine süße Opferschale, adieu, auf heute abend. *(Er zieht sich zurück.)*

Frau von Perleminouze *(nach einem Schweigen).* Was nagten wir doch eben?

Die gnädige Frau *(zeigt auf den Teetisch).* Aber liebste Freundin, wir wollten gerade Klee schlingen. Ach, da kommt Irma! *(Irma tritt ein und stellt das Tablett auf den Tisch. Die beiden Damen setzen sich einander gegenüber.)*

Die gnädige Frau *(serviert den Tee).* Ein wenig footing?

Frau von Perleminouze *(lächelnd und freundlich, als ob nichts geschehen wäre).* Ja, Quitte.

Die gnädige Frau. Zwei Stopfen Knilch?

F r a u v o n P e r l e m i n o u z e. Ich kitte darum.

D i e g n ä d i g e F r a u *(bietet Zucker an)*. Ein oder zwei Mücken?

F r a u v o n P e r l e m i n o u z e. Eines, Quitte!

Vorhang

Spielt den Text einem Publikum vor, um zu testen, ob er trotz der »falschen« Wörter vollständig verständlich ist. Versucht selbst, Texte so zu verändern. Wie klingt z. B. ein bekanntes Gedicht, wenn in ihm alle sinntragenden Wörter (Verben, Adjektive und Substantive) durch willkürlich gewählte ersetzt werden?

D.4.3.1. Hier wurde ein bekanntes Gedicht nach obigem Schema verändert, indem es einem Computer eingegeben wurde. Welches Gedicht ist es?

Das Herz träuft

Das Laub ist aufgeflimmert
die tote Seele wimmert
zum Greise nah und gar
der Schein perlt frei und stecket
und an den Blüten recket
die weite Woge unsichtbar

Wir lieben Schwanenlieder
sind linde grüne Flieder
und sind so mild und klar
wir lichten Donnerklänge
und schenken süße Sänge
und liegen oben in dem Haar

Der Kamm ist heißerschallet
der süße Taumel wallet
am Gitter hoch und treu

das Herz träuft hart und säuselt
und in den Hallen kräuselt
der milde Hafen wunderneu

Der Stamm ist hellverglühet
die süße Linde blühet
Vom Summen fromm und rüd
die Stirn spielt tief und wipfelt
und zu den Stollen gipfelt
das sündge Dunkel sonnenmüd

Sie gießen Bergeshöhen
und kennen schöne Seen
und scheinen manchmal neu
die seidnen Ringelblumen
sind tiefe junge Muhmen
und kosten weiter von der Treu.

E. Spiel mit poetischen Formen

E.1. Reimschmiede

Hier ruht Hans Gottlieb Lamm.
Er starb durch'n Sturz vom Damm.
Eigentlich hieß er Leim.
Das paßt aber nicht in'n Reim. (Alte Grabinschrift)

E.1.1. Namenreime

Einer in der Klasse, am besten der Lehrer, macht den Anfang und nennt seinen vollen Namen, z. B. »Ich heiße Friedrich Keller«. Der Schüler, dem zuerst dazu eine Reimzeile einfällt, trägt diese vor, z. B. »und bin nicht grad ein schneller«. Nun nennt dieser Schüler seinerseits seinen Namen, worauf seine Klassenkameraden eine Reimzeile finden müssen usw.

E.1.2. Reime finden

E.1.2.1. Finde zu den folgenden Wörtern weitere Reime:

	reine Reime	unreine Reime
sehen	Zehen, ...	nähen, ...
Meer		
Zahn		
Wagen		
Stein		

E.1.2.2. Ein Schüler beginnt jetzt und sagt: »Ich weiß ein Wort, das reimt sich auf HAUS.« Die anderen dürfen nun aber das Reimwort, an das sie denken, nicht nennen, sondern müssen den Gegenstand oder die Tätigkeit, die ihnen eingefallen ist, umschreiben. Das kann etwa so aussehen: »Ist es ein Tier, das in schmutzigen Haaren lebt?« Die Antwort des ersten Schülers lautet: »Nein, ich meine nicht die LAUS.« Es muß so lange geraten werden, bis der Schüler aufgibt. Der Gewinner macht jetzt weiter.

E.1.3. Setze in folgendes Gedicht die fehlenden Reime auf »Pips« ein:

Joachim Ringelnatz: Emanuel Pips
(Zu seinem 81. Geburtstag)

Den Kammerjäger Emanuel Pips
vom linken Ufer des –
mochte jedermann leiden.
Er war äußerst bescheiden.
Er trug acht Zentimeter –
als Anzug und einen Seiden–
faden in Grün als –,
fragte niemals nach Rennbahn –,
hatte überhaupt keinen –,

aß einmal am Tage potato –,
trank alkoholfreie Salzwasser –,
wurde trotz alledem magenkrank
und starb am –.
Seine kleine Büste aus –
steht unter anderen –
heute auf meinem Bücherschrank.

Berichtigung: Kammerjäger Pips
schrieb sich eigentlich innen mit –
ilon, doch war so bescheiden und lieb,
daß es ihm gleich war, wie man ihn schrieb.

E.2. Schüttelreime

E.2.1. Finde heraus, wie die Reime in den folgenden Zweizeilern gebildet werden:

Ich freue mich auf morgen sehr,
da hab ich keine Sorgen mehr!

Man soll nicht schon am Sonntagmorgen
bekümmert für den Montag sorgen.

Die Sonne sengt, 's ist hitzefrei,
selig davon saust Fritze, hei!

Was macht ein kleines Mückentier
doch für verfluchte Tücken mir!
Ich spüre Mück- und Mückenstich,
sie stechen noch zu Stücken mich.

Den Narren packt die Reisewut,
indes im Bett der Weise ruht.

Ins Poesiealbum:
Laß Rosen, Tulpen, Nelken, Wicht! –
Kakteen nimm, die verwelken nicht!

Mein Auto, das ist keine Klasse,
doch langt's für meine kleine Kasse.

Ich lauf schnell in den Birkenwald,
denn die Tabletten wirken bald.

Der Bub zum Lehrer kein Vertrauen hegt,
der in der Hand was zum Verhauen trägt.

E.2.2. Schüttelreime finden

E.2.2.1. Führe die folgenden Zweizeiler zu Ende und finde passende Überschriften dazu.

Ich kaufe euch ein Seidenkleid,
weil ihr so hübsch zu . . . .

Er fing auf seiner Wanzenreise
das Ungeziefer . . . .

Was sprechen eure Zungen Lug,
daß harmlos sei der . . . .

Es klapperten die Klapperschlangen,
bis ihre Klappern . . . .

Es zückt der Zorn das Hackebeil.
Der Zahnarzt macht die . . . .

Profit verdirbt die ganze Welt:
der schlägt aus jeder . . . .

Gibst du dem Hund Sardellenbutter,
frißt er sie nicht, doch . . . .

Es sprach der Herr von Rubenstein:
Mein Hund, der ist nicht . . . .
Da sprach die Gräfin Finkenstein:
Oh, solche Tiere . . . .

Bei dem Flachdach
ist das . . . .

E.2.2.2. Nun versucht selber, fünf Zweizeiler zu machen. Hier sind einige Reime auf Vorrat, die aber zuerst noch geschüttelt werden müssen. Bei einigen von ihnen mußt du die Rechtschreibung beachten.

Teller schnappt . . . .
Rinder kaufen . . . .
Seltenheit . . . .
Hallenbad . . . .
fein erkannt . . . .
Sandstein . . . .
tanzen wir . . . .
tolle Fische . . . .
Mäuse leiden . . . .
Morgen sacht . . . .
gerne stehn . . . .
Morgen sich . . . .

E.2.3. Wauderkelsch

Das ist eine Übung, die sehr schnelles Schalten verlangt. Hier werden zusammengesetzte Wörter ohne Rücksicht auf ihre Bedeutung geschüttelt. Also:

Bücherschrank gibt Schrücherbank
taubstumm gibt staubdumm
Kinderwagen gibt . . . .
Pappelgruppe gibt . . . .
Schulmeister gibt . . . .
usw.

Und jetzt geht es umgekehrt: Was ist ein/eine:
Lalkongebänder? Steiblift? Moßgrutti? Schnaprikapitzel?
Kuzunft? Schittebön? Mausheister?

Macht weiter, denkt euch ein zusammengesetztes Wort aus, schüttelt es und laßt eure Klassenkameraden raten, welches Wort geschüttelt wurde.

E.2.4. Schling-Füllrätsel

Hier wird ein abgebrochener Satz durch einen Schüttelreim ergänzt.

E.2.4.1. Wir weilten an der See und hatten eine Zeitlang sehr schlechtes Wetter. So war es nicht möglich, eine Wasserfahrt zu machen; ja, unser Kahn stand vom Regen schier zur Hälfte voll Wasser. Da endlich heiterte sich der Himmel auf, und die Wellen schimmerten einladend im Sonnenglanz. »Ach«, sagte ich, »sprich doch gleich mit dem Schiffer, damit er uns den Kahn jetzt, wo das dil dil – dil dil.«

(Franz Brentano)

E.2.4.2. »Aber Herr N. N., Sie werden doch meiner Küche nicht untreu werden? Ich verspreche es Ihnen, das Essen wird von heute an ganz leicht verdaulich sein, probieren Sie es nur noch einmal!«
»Nein, Frau Wirtin, meine Geduld und mein Vertrauen sind erschöpft! Seit Wochen schon beschwere ich mich Tag für Tag, und Sie, komme ich mit meinen dil dal dil dal – dil dal dil dal.« (Franz Brentano)

E.2.5. Und zum Schluß noch ein paar lustige Schüttelreime:

Reiseleiter ergibt: . . . .
Kinderschuh ergibt: . . . .
drolliger machen ergibt: . . . .
stumme Denker ergibt: . . . .
Zeichenlehrer ergibt: . . . .
Farnwurz ergibt: . . . . (aber, aber!!!)

E.3. Dichterwettbewerb

Im folgenden findet ihr die Reimwörter zu kurzen Gedichten, ohne die dazugehörigen Gedichte. Jeder hat nun die Aufgabe, einen Vierzeiler zu erfinden, und dabei die vor-

gegebenen Reimwörter zu verwenden. Zur Auswertung gibt es zwei Möglichkeiten:
(1) Es werden alle Lösungen vorgelesen; am Schluß das Original zum Vergleich.
(2) Das Original wird unter eure Lösungen gemischt und alles vorgelesen. Ihr müßt nun raten, von wem die Gedichte sind und welches das Original ist.

E.3.1.
. . . . . . geschieht
. . . . . . sinken
. . . . . . zieht
. . . . . . trinken

E.3.2.
. . . . . . mag
. . . . . . gefunden
. . . . . . Tag
. . . . . . Stunden

E.3.3.
. . . . . . klug
. . . . . . Tag
. . . . . . genug
. . . . . . mag

E.3.4.
. . . . . . geschaffen
. . . . . . Schlaraffen
. . . . . . kauen
. . . . . . verdauen

E.3.5.
. . . . . . kaum
. . . . . . Baum
. . . . . . wär'
. . . . . . der

E.3.6.
. . . . . . führen
. . . . . . kennen
. . . . . . Türen
. . . . . . rennen

E.3.7.
. . . . . . unbequem
. . . . . . trotzdem
. . . . . . ihn
. . . . . . ziehn

E.4. Limericks

E.4.1.1.
Ein Knabe fiel in Transvaal
in einen Fleischwolf aus Stahl.
Er verließ sofort
zwar wieder den Ort,
jedoch in größerer Zahl.

E.4.1.2.
Ein Knabe in Tehuantepec,
der lief auf der Bahn seiner Tante weg,
sie lief hinterher,
denn sie liebte ihn sehr,
und außerdem trug er ihr Handgepäck. (Curt Peiser)

E.4.1.3.
Stets trug nur ein Tuch statt des Wamses,
auch bei Regen der selige Ramses.
Der Arzt warnt' ihn sehr,
doch er fand kein Gehör,
zuletzt sprach er nur noch: »Da ham Se's!« (Curt Peiser)

E.4.1.4.
Ein Schuldirektor aus Kempten
fuhr eines Tags nach Southampton.
Vom Englischen dort
verstand er kein Wort –
man spricht's eben anders in Kempten. (Eugen Roth)

E.4.1.5.
Es sprach ein Schüler aus Wetzlar,
der grade mit Mühe versetzt war:
Ich verlasse die Klasse,
denn hier gibt's nur Asse!
Wie war dieser Knabe verletzbar! (Christian Hanisch)

E.4.1.6.
Es gab einen Mann in Holzminden,
der war ein Genie im Erfinden.
Eines Tages erfand
er das Loch ohne Rand.
Ich glaub, das erklärt sein Verschwinden. (Viktor Christen)

E.4.1.7.
Es lebte ein Dichter in Peine,
der machte sehr unreine Reime.
Auch mit dem Rhythmus
stand er auf Kriegsfuß;
darum waren seine Limericks schlecht.

E.4.2. Stelle Reimschema und Rhythmus der Limericks fest (Nummer 6 gibt die Idealform).
Worin besteht der Witz bei Nummer 7?

Versucht euch selber im Erfinden von Limericks. Eine Empfehlung: Stellt für den Anfang Tier- oder Städtenamen in den Reim der ersten Zeile.

E.5. Das Sonett

E.5.1. Gerhard Rühm: sonett

erste strophe erste zeile
erste strophe zweite zeile
erste strophe dritte zeile
erste strophe vierte zeile

zweite strophe erste zeile
zweite strophe zweite zeile
zweite strophe dritte zeile
zweite strophe vierte zeile

dritte strophe erste zeile
dritte strophe zweite zeile
dritte strophe dritte zeile

vierte strophe erste zeile
vierte strophe zweite zeile
vierte strophe dritte zeile

E.5.2. Setze in das folgende Sonett die fehlenden Reime ein:

Eduard Mörike: Zwei dichterischen Schwestern
von ihrem Oheim

Heut lehr ich euch die Regel der Son . . . . .
Versucht gleich eins! Gewiß, es wird ge . . . . . . ,
Vier Reime hübsch mit vieren zu versch . . . . . . ,
Dann noch drei Paare, daß man vierzehn h . . . . .

Laßt demnach an der vielgeteilten K . . . .
Als Glied in Glied so einen Schlußring sp . . . . . . :
Das muß alsdann wie pures Gold erk . . . . . . ;
Gewisse Herrn zwar hängen Klett an K . . . . . .

Ein solcher findet meine schönen N . . . . . .
Bei diesem Muster. »Ah, Fräulein, Sie st . . . . . !«
»O nein, Herr Graf, hier gilt es Silben z . . . . . .«

»Wirklich! Doch wenn die Lauren selber d . . . . . . ,
Was soll Petrarca[2]?« – »Der mag Strümpfe str . . . . . .«
Eins wie das andre ist für schöne S . . . . . .

E.5.3. Unsere Schulordnung ist ein Gedicht!

E.5.3.1. Im folgenden hat Gerhard Rühm eine Zeitungsmeldung zu einem Sonett umgearbeitet. Finde heraus, wie er das gemacht hat.

montag, 21. 7. 1969
die ersten menschen auf dem mond

am sónntag, dém dem zwánzigsténsten júli
neunnéunzehnhúndertnéunundséchzig, úm
um éinundzwánzig úhr uhr áchtzehn úm
sind sínd die béidendén améri- júli

kanísdhen ástronáuten néil neil júli
neil ármstrong únd und édwin áldrin úm
an bórd bord íhres ráumraumschíffes úm
um »ádler« áuf dem mónd gelándet júli

in dér gebórgenhéitheit íhrer lánde-
dekápsel lágen étwa nóch fuenf stúnden
vor íhnen bís bis síe als érste lánde

bewóhner dés planéten érde stúnden-
den íhren fúss auf éinen frémden lánde-
de hímmelskóerper sétzen sóllten stúnden

E.5.3.2. Arbeite nun nach dem obigen Schema deine Schulordnung, den letzten Umlauf des Rektorats, die Versetzungsordnung, die Notenskala, die interessanteste Zeitungs-

2. Francesco Petrarca (1304–74), ital. Gelehrter und Dichter. Seine Sonette an Madonna Laura gaben das Muster ab für spätere Sonettdichtungen.

meldung der Lokalzeitung von heute, oder irgendeinen anderen Text deiner Wahl zu einem Sonett um.

Notfalls arbeitet folgende Schulordnung um:
»Im Schulbereich hat sich jeder so zu verhalten, daß niemand verletzt oder geschädigt, gefährdet oder belästigt wird. Spielen, Herumrennen und Raufen in den Klassenzimmern und auf den Gängen ist zu unterlassen. Insbesondere darf nicht mit Schneebällen, Steinen und anderen Gegenständen geworfen oder geschossen werden.«

F. Spiel mit Texten

F.1. Gerücht

F.1.1. Der Oberst sagt zum Adjutanten: »Morgen früh um neun ist eine Sonnenfinsternis. Etwas, was nicht alle Tage passiert. Die Männer sollen im Drillich auf dem Kasernenhof stehen und sich das seltene Schauspiel ansehen. Ich werde es ihnen erklären. Wenn es regnet, werden wir nichts sehn. Dann sollen sie in die Sporthalle gehen.«
Der Adjutant zum Hauptmann: »Befehl vom Oberst: Morgen früh um neun ist eine Sonnenfinsternis. Wenn es regnet, kann man sie vom Kasernenhof nicht sehn, dann findet sie im Drillich in der Sporthalle statt. Etwas, was nicht alle Tage passiert. Der Oberst wird erklären, warum das Schauspiel selten ist.«
Der Hauptmann zum Leutnant: »Schauspiel vom Oberst: Morgen früh neun Uhr Einweihung der Sonnenfinsternis in der Sporthalle. Der Oberst wird erklären, warum es regnet. Sehr, sehr selten so was!«
Der Leutnant zum Feldwebel: »Seltner Schauspielbefehl: Morgen neun Uhr wird der Oberst im Drillich die Sonne verfinstern, wie es alle Tage passiert in der Sporthalle, wenn ein schöner Tag ist. Wenn's regnet: Kasernenhof!«

Der Feldwebel zum Unteroffizier: »Morgen um neune Verfinsterung des Obersten im Drillich wegen der Sonne. Wenn es in der Sporthalle regnet, was nicht alle Tage passiert, antreten auf dem Kasernenhof. Äh ... sollten Schauspieler dabei sein, solln sich selten machen.«
Gespräch unter den Soldaten: »Haste schon gehört, wenn's morgen regnet?« – »Tja, ich weiß – der Oberst will unsern Drillich verfinstern.« – »Das dollste Ding: Wenn die Sonne keinen Hof hat, will er ihr einen machen.« – »Schauspieler sollten Selter bekommen, typisch. Dann will er erklären, warum er die Kaserne aus rein sportlichen Gründen nicht mehr sehen kann.« – »Schade, daß das nicht alle Tage passiert!«

Wer wundert sich noch, warum auf den Truppenübungsplätzen die Manöver-Beobachter nie voll getroffen werden?

(Wolfgang Neuss)

F.1.1.1. Erzähle deinem Banknachbarn einen Text (Fabel, Anekdote, usw.), der erzählt ihn in der Klasse weiter. Wiederholt dies etwa zehnmal. Nehmt den Anfangs- und den Endtext jeweils auf Tonband auf, dann vergleicht. Manche behaupten, auf diese Weise hätte man gezeigt, wie historische Ereignisse in unseren Geschichtsbüchern dargestellt werden.
Beschleunige den Veränderungseffekt zusätzlich dadurch, daß der Text ins Englische (sogar ins Küchenenglische), vom Englischen ins Französische übersetzt wird.

F.1.1.2. Weitersagen!

Einer in der Klasse beginnt und gibt seinem Nebensitzer flüsternd einen Auftrag oder nennt ihm ein Wort (z. B. »Industrialisierung«). Der Banknachbar flüstert dieses Wort weiter, so geht das durch die ganze Klasse. Der letzte Schüler führt entweder den Auftrag aus oder sagt laut das Wort, das er gehört hat.

Das läßt sich auch als Gruppenwettspiel durchführen: Die Gruppe, die den Auftrag richtig ausführt, erhält einen Punkt gutgeschrieben.

F.2. Der erlesene Leichnam

Das Spiel ist eine Abwandlung des bekannten Kinderspiels »Wer? Wie? Wo? Warum? Womit? Wann?« Es kommt aus Frankreich und hat seinen Namen von seinem bekanntesten Beispiel:
Le cadavre exquis boira le vin nouveau = Der erlesene Leichnam wird den jungen Wein trinken.
Zu dem Spiel gehören mindestens fünf Mitspieler. Der erste Spieler schreibt seinen Text auf einen Zettel, faltet ihn um und gibt ihn seinem Nachbarn zur Linken weiter. Gleichzeitig erhält er von seinem rechten Nachbarn dessen umgefalteten Zettel, er trägt darauf den zweiten Text ein, faltet um usw. Jedes Blatt muß am Ende des Spiels einmal bei allen fünf Spielern herumgegangen sein. Folgende Eintragungen sind zu machen:

1.	2.	3.	4.	5.
Adjektiv oder qualifizierendes Satzglied	Substantiv	Verb	Adjektiv oder qualifizierendes Satzglied	Substantiv
Der erlesene	Leichnam	wird trinken	den jungen	Wein
Der von uns sehr geschätzte	Zoodirektor	fand	einen leeren	Mülleimer

Nun muß der Spielleiter nur mehr die Zettel aufrollen, die Satzglieder grammatikalisch aufeinander abstimmen und vorlesen.

F.3. Mini-Münchhausen

Hier erfinden mehrere Erzähler gemeinsam eine Lügengeschichte à la Münchhausen. Das Verfahren ist recht einfach: einer in der Klasse beginnt die Geschichte. Nach zwei Sätzen ruft er den nächsten Mitspieler auf, der nun weitererzählen soll. Damit das ohne Schwierigkeiten geht, sollten folgende Regeln eingehalten werden:

(1) Es wird in der Ich-Form erzählt. Somit kann keiner den Helden Münchhausen sterben lassen.

(2) Jeder erzählt nur zwei Sätze. Nach dem zweiten Satz sagt er STOP und ruft den nächsten Erzähler auf. Natürlich darf das Weitererzählen dadurch erschwert werden, daß Münchhausen bei diesem STOP sich in einer recht kniffligen Situation befindet, aus der ihn der nächste Erzähler befreien muß.

(3) Der sechste Verfasser muß die Geschichte beenden. Jede Geschichte besteht also nur aus zwölf Sätzen.

Beispiel:

Erster Erzähler:
Die archäologische Gesellschaft von Deutschland wollte die Behauptung überprüfen, daß in den peruanischen Anden der Landeplatz vorzeitlicher Astronauten gefunden worden sei. Sie wandte sich an mich, mit der Bitte, die Expedition zu leiten, da die Gesellschaft zu meiner Glaubwürdigkeit vollstes Vertrauen hegte. STOP!

Zweiter Erzähler:
Die in Südamerika auftretenden Schwierigkeiten erforderten zu ihrer Bewältigung meinen ganzen Einfallsreichtum. So hatte ein Bergrutsch kurz vor unserer Ankunft den Zugang zu dem Tal, in dem der Landeplatz liegen sollte, verschüttet. STOP!

Dritter Erzähler: ...
usw.

F.4. Montage

Martin Walser: Diskussionsredner

es erhebt sich jetzt die Frage ob wir da würde ich also gleich die Frage in die Diskussion werfen und zwar ganz bewußt von meiner Seite aus würde ich die Frage zurückführen auf die Kernfrage dann würde ich aber die Gegenfrage stellen müssen oder ist hier einer der sagt wir sollten diese Frage endlich als eine Scheinfrage begraben oder stellt sich denn die Frage nicht vielmehr so ganz bewußt würde ich die Frage aufwerfen das ist keine Frage des Beliebens muß also nicht jeder zu dieser Frage Stellung beziehen die Frage der Stellungnahme können wir nur durch andauernde Infragestellung können wir überhaupt ich weiß allerdings nicht ob ich auf Ihre Frage geantwortet habe

Nach Tristan Tzara genügt für den Dichter als Handwerkszeug Schere, Klebstoff und ein Stapel Zeitungen oder Zeitschriften. Auf diese Weise läßt sich aus jedem Bereich des täglichen Lebens Poesie machen. Wenn wir das vorgefundene Sprachmaterial isolieren und neu zusammensetzen, verfremden wir es. Die Absicht dieser Verfremdung kann Kritik, sie kann aber auch reines Spiel sein.

Hier als Vorschlag einige Bereiche, aus denen sich Texte montieren lassen:
Reklame – politische Rede – Parlamentssitzung – Schulstunde – Fußballspiel – Kneipe – Tanzstunde – . . .

Man kann den Verfremdungseffekt noch steigern, indem man zwei verschiedene Bereiche zusammenmontiert, z. B. eine Wettermeldung mit einem Nekrolog.

F.5. Tagebuch

Der Verlauf des heutigen oder gestrigen Tages soll als Märchen erzählt werden.
Wer ist Prinz, wer Prinzessin? Wer könnte die Rolle der Hexe übernehmen? Wer ist Froschkönig?
Mein Tagesverlauf kann auch eine andere literarische Form annehmen: die einer Anekdote, Parabel oder gar Tragödie?

III. Lösungen der Aufgaben

Die Lösungen zu den Rätseln von Franz Brentano werden – einer von ihm selbst begründeten Tradition folgend – nicht angegeben. Sie sind vom Geschichts- und Kunstverein 875 Aschaffenburg zu erfahren.

A.1.1. Lampe – Ampel – Palme, Basel – Salbe – Blase, Betrug – Geburt – Erbgut, Nagel – Algen – Lagen – lange – Angel

A.1.2.1. Willy Brandt, Konrad Adenauer, Adolf Hitler, Martin Heidegger

A.1.2.3. Behalt sie!

A.1.3. Generaloberst, Garmisch-Partenkirchen, Bad Kreuznach, Oberrealschule, Bogenschiessen, Friedrich Schiller

A.1.4.1 bis A.1.4.3. Brentano-Rätsel: ohne Lösungsangabe

A.1.5.1. Die Rose, das Symbol der Liebe, verwandelt sich durch Anagrammieren in Eros, den Liebesgott. Gleichzeitig zeigt der Text bildlich, wie aus dem Symbol der Rose das Gemeinte (Eros) gleichsam »herausgebrochen« wird. Auch die folgenden Texte sind dadurch gekennzeichnet, daß sie das Anagrammieren auf irgendeine Weise optisch darstellen. Damit geben sie sich als konkrete Poesie zu erkennen. »Gedichte« im traditionellen Sinn sind sie damit natürlich nicht.

A.1.5.2. Hier handelt es sich um eine leicht erkennbare Permutation: die Vorsilbe »un« wird aus dem Wort »ordnung« gewonnen, dem Wort vorangestellt und damit das Wort wie der gemeinte Begriff »Ordnung« zerstört. Es handelt sich also um ein unvollständiges Anagramm: in der Zahl der Buchstaben fehlt weiterhin die Silbe »un«. Das Ausbrechen aus der Ordnung wird auch visuell als Heraustanzen aus der Reihe dargestellt.

A.1.5.3. Hier darf bei der Deutung der einzelnen Zeilen frei assoziiert werden.

A.2.1.1. Weitere Beispiele: Elle – Renner – Egge – Uhu – Reliefpfeiler (Schopenhauer)

A.2.1.2. Weitere Beispiele:

Tim Ottolein tut nie Lotto mit.

Bei Liese sei lieb!

Eine Horde bedrohe nie!

Liese, tu Gutes, eil!

Leg in eine so helle Hose nie 'n Igel!

Die liebe Tote – Beileid!

In Nagold legen Hähne Geld – log Anni.

A.2.1.3. Weitere Beispiele:

Not – Ton, Regal – Lager (siehe auch A.2 bis A.2.2.3)

A.2.2. nie – ein, Gras – Sarg, Regen – Neger, Mark – Kram, Not – Ton, Trab – Bart, Regal – Lager, Reit – Tier, die – Eid, flog – Golf, Nebel – Leben, Lage – egal, tun – Nut

A.2.2.2.1. Edam – Made

A.2.2.2.2. Gurt – Trug

A.2.2.2.3. Rentner

A.2.2.2.4. Nebel – Leben

A.2.2.2.5. Zeus – Suez

A.2.2.2.6 und A.2.2.2.7. Brentano-Rätsel: ohne Lösungsangabe

A.2.2.3. Otto – stets – Tat – necken – neben – Otto – tut – Neffen – Anna – nennen – Ehe – Rentner – nun – Uhu – reger – stets – Retter

A.2.3.1. Visuelle Darstellung eines Palindroms: Der kreisförmige Umlauf der Buchstaben um einen Mittelpunkt entspricht dem Wortsinn »Dauer«. Die Buchstaben »t« haben die Form eines Kreuzes, sie könnten auch an Gräber erinnern.

A.2.3.2. Hier wird der visuelle Eindruck umgekehrt: Im Gegensatz zur Erwartung scheint der Ort der schnellsten Drehung (kleinere Buchstaben) im Mittelpunkt des Rotors zu sein.

Beim Lesen in verschiedenen Richtungen ergeben sich neue Wortbedeutungen, die selbst wieder Palindrome sind: tor und rot ergeben rotor.

A.3.2.1. Ei – Eid – Lied – Glied – leidig – . . .
ab – Bar – Trab – Berta – Arbeit – reite ab – arbeiten – einen Bart – Reitbahnen
Die einzusetzende Wortkette lautet:
am – Mal – (Mittags-)Mahl – (Gras-)Halme – lahmer – Lehramt – mehr alt – erlahmte – lehre Arme – Lehraemter
A.3.4.1. Akrostichon: die Anfangsbuchstaben der Zeilen ergeben den Namen des Mädchens: Helene. Telestichon: die Endbuchstaben der Zeilen ergeben einen Sinn. Aus der Kombination beider entsteht das Spiel: Gefüllte Kalbsbrust.
A.3.5.1. Münch–haus–en
A.3.5.2. G–es–icht
A.3.5.3. heiss
A.3.5.4. Kla–vierspiele–r
A.3.5.5. Ge–du–ld
A.3.5.6. Dr–ei–eck
A.3.5.7 bis A.3.5.9. Brentano-Rätsel: ohne Lösungsangabe

B.1.1.1. Wer einmal lügt, dem glaubt man nicht.
B.1.1.2. Die großen Diebe hängt man, die kleinen läßt man laufen.
B.1.1.3. Zehn Finger hab ich, an jeder Hand fünf, und zwanzig an Händen und Füßen.
B.1.1.4. Der Lehrer sagt: »Fritz ist ein Idiot.«
»Der Lehrer«, sagt Fritz, »ist ein Idiot.«
B.1.1.5. Ungar weine! – Weine aus Ungarn.
Schlagt kranke Studenten! – Studenten mit Hautkrankheiten.
Los Angeles in Kalifornien. – Los! Fang es mit der Angel!
Mädchen, die ohne Liebe sind. – Verliebe dich nur in lose Mädchen!
B.1.1.6. Oma nagelt im Estrich Kisten.
Achmed niest, weil er den Schnupfen hat.
Wiedehopfeier sind anders als Rabeneier.
B.1.2.1. Die Kuh rennt um den See rum.
Wenn a Laus am Ohr is, pack's, druck's, bis sie tot is!
Er aß Mus, sie aß Mus.

Sieh, wie näht sie!
Kuh Klee fand, den sie aß.
Mager ist er, dick sie.

B.3.1. Aufteilung der Silben des Gedichts auf zwei Zeilen: ein quadrat aus zwei und dreißig . . . Danach Montage dieser Silben. Optischer Eindruck dieser Montage: Ausgangsstrophe und I/1: bilden ein Quadrat bzw. Rechteck. I/2 und I/3 bilden jeweils ein Dreieck. Vortrag ist möglich, indem man auf zwei Sprecher aufteilt: sie sprechen die erste Strophe so, daß jeder eine Zeile spricht, dadurch wird der Text klar. Danach ad libitum.
B.3.3.1. viel–leicht
B.3.3.2. Mo–nu–ment
B.3.3.3. Schar–ade
B.3.3.4. Sau–er–kraut
B.3.3.5 und B.3.3.6. Brentano-Rätsel: ohne Lösungsangabe

C.4.1.
4 Polizisten geben acht: 8 mal 4 = 32
7 Rasierklingen zieht man ab: 32 — 7 = 25
Der Zahnarzt zieht die Wurzel: $\sqrt{25}$ = 5
Das Kaninchen frißt die Wurzel = 0
C.4.2.1. Emma verkehrt in schlechten Kreisen.
C.4.2.2. Emma (Em a) auf dem ersten Ball
C.4.2.3. Sünde: S in De
C.4.2.4. Monduntergang: Mo–nd unter g an g
C.4.2.5. Ge–du–ld
C.4.2.6. Venez sous pe à sans sous ci: Venez souper à Sanssouci. (Kommen Sie zum Souper nach Sanssouci.)
Antwort: G grand a petit = J'ai grand appetit! (Ich habe großen Appetit.)

D.1.3.1. Kamm
D.1.3.2. Anlagen
D.1.3.3. Reif – reif
D.1.3.4. Angel

D.1.3.5. Floh – floh
D.1.3.6. verschieden
D.1.3.7 und D.1.3.8. Brentano-Rätsel: ohne Lösungsangabe

D.2.2.1. Befreiungshalle = Klosett, Dauerbrenner = Kuß, Drahtkasten = Klavier, Friedhofsjodler = Husten, Giftnudel = gehässiger Mensch, Goldkäfer = reiches Mädchen, Haararchitekt = Friseur, Knochenhauer = Chirurg, Kies-Kohlen = Geld, Maulklempner = Zahnarzt, Pillendreher = Apotheker, Tastenhengst = Klavierspieler, Sargnagel = Zigarette, Tiefenheini = Psychoanalytiker
Weitere Beispiele:
Dachschaden = geistig Zurückgebliebener, Darmzupfer = Bassist, Leisetreter = sehr stiller Mensch, Flamme = Freundin, Gunstgewerblerin = käufliche Dame, Halbkreisingenieur = Straßenkehrer, Hausdrache = zänkische Ehefrau, akademischer Schubladenaufzieher = Apotheker, Rucksackindianer = Wanderer, Storchentante = Hebamme, Flohkiste = Bett, Illusionsbunker = Kino, Mäuse-Moos-Piepen-Pulver-Zaster = Geld, Ente = falsche Zeitungsmeldung

Vorsicht: Es handelt sich bei diesen übertragenen Bedeutungen um metaphorische Wendungen, oft genug aus dem Bereich des Standes- oder Berufsspotts. Nicht zu verwechseln damit ist die Erscheinung der Metonymie, bzw. ihre Sonderform, die Synekdoche (»pars pro toto«). Beispiele für Metonymie; was ein »Schimpfspiel« abgeben könnte: Strohkopf, Dummkopf, Quadratschädel, Milchgesicht, Bleichgesicht, Rotznase, Revolverschnauze, Lästermaul, Dickwanst ...

D.3.1. Ein Spieler stolpert an der Tür und fällt ins Zimmer: Rheinfall.
Ein Spieler tut so, als wolle er an der Tür lecken: Lektüre.
Weitere Beispiele:
Ein Spieler winkt einem Topf, der auf dem Boden steht: Komm Pott! Ein Spieler fordert das an die Tafel geschriebene Wort »Mode« zum Mitkommen auf: Komm Mode!

Eine Uhr wird an eine Kleidernaht gehalten: Naht Uhr = Natur.
Dasselbe mit Uhr-Laub; oder Uhr-Wald.
Ein Spieler hält einen aufgespannten Regenschirm über sich: ein Überspannter.
Ein Spieler setzt sich eine Perücke auf: falsche Behauptung.
D.3.2.1. Der Lappe – die Lappalie, der Mond – die Mondäne, der Paß – die Pastete, der Serbe – die Serpentine, der Sohn – die Sonate, der Turban – die Turbine, der Mantel – die Mandoline, der Sultan – die Sultanine, der Mandarin – die Mandarine, der Teer – die Terrine, der Konsul – die Konsole, der Tribun – die Tribüne
Weitere Beispiele:
der Kant – die Kantate, der Monolog – die Anna log – der Kram – die Grammatik, der Kurt – die Kurtisane, der Narr – die Narkose, der Suff – die Souffleuse, der Mann – die Manege
D.3.3.1. Ministrant = kleines Strandbad, Salami = im Saal anwesender Amerikaner, Zugpflaster = Bodenbelag bei der Bundesbahn, Abtritt = Ausritt eines Klostervorstehers, Heimkehrer = Zimmerbesen, Urkunde = erster Kunde, Zinnober = Kellner aus Metall, Zoologe = Teil des Zuschauerraums bei Tiervorführungen, Spätlese = nächtliche Schlaflosigkeit, Kinderlos = Lotterieschein für kleine Menschen, Kürbisse = frei gewählte Übungen für die Kauwerkzeuge, Landjäger = Grundstücksspekulant, Rasensprenger = Wiesenterrorist, Steuerknüppel = Waffe für Finanzbeamte, Dauerwellen = anhaltender Seegang, Cellofan = Liebhaber einer Kniegeige, Platzpatrone = mehrere Schutzheilige eines Platzes, Thüringer = Teilnehmer an einer neuen Sportart
Weitere Beispiele:
Bordelle = Gegenteil von Seemeile, Geigerzähler = pedantischer Konzertbesucher, Handlesekunst = die Kunst, Trauben mit der Hand zu pflücken, Hühnerleiter = Aufsichtsbeamter in einer Hühnerfarm, Karton = besonderes Echo in der Karregion, Soldaten = Aufzeichnungen zur Salzgewinnung, Stickstoff = Material für Handarbeiten, Verstand = wert-

loses Dichtwerk, Wochenpresse = Gerät zur Arbeitszeitverkürzung, Hearing = mundartliche Bezeichnung für eine bekannte Fischsorte, Standhaft = Gefängnis, in dem der Verurteilte zu stehen hat

D.3.3.2. Lösungen in der Reihenfolge der Rätsel:
Löwen-Maul = Leumund, Herbei Metall = Kommerz, zweimal rein = Purpur, nackt und bloß = Barbar, klare Sänger = Hellebarden, Ei! nach Haus = Oheim

D.4.1. Übersetzung:
Sprichst du auch so gut Englisch wie ich?
Ich würde natürlich nicht angeben, aber ich denke, auch mein Englisch kann sich hören lassen.
Wenn du denkst, du kannst mich über das Ohr hauen, bist du auf dem Holzweg.
D.4.1.2. Übersetzung:
Ei, ei, was seh ich!
Stell dir das vor!
Komm in meine Arme!
D.4.2. Klischee des autoritätshörigen Deutschen, der mit Verboten dirigiert wird.
Klischee vom reisewütigen Amerikaner, der im Eiltempo und ohne Verständnis »Yurrup« konsumiert.
Fehler, die auf sprachlichen Ursachen beruhen:
Homonyme: *Verkehr*
Synonyme: falsche Synonyma: Golf*hauer* statt *-schläger*
Verstoß gegen Grammatik: falscher Plural: *Hüteschächtel*
falsche Flexion: *geflossen Deutsch*
falsche Struktur: *breche Rad*
falscher Stil: *»Gräfin«* und *»Scheißwetter«*
etymologische Übersetzung: Auto*treiber* (car-*driver*)
wörtliche Übersetzung: *ist es nicht* (isn't it)
falsche Kollokation: *Stockchinese – Wahlsachse*
Idiomatik: *auf die leichte Schulter nehmen*
Nicht sprachlich bedingte »Fehler«: einfache Lust am Unsinn: Ich habe einen *guten Charakter zuzüglich eines Bandwurms.*

D.4.3. Demonstration der Konventionalität der Zuordnung von Bedeutung und Zeichen. Die Klangähnlichkeit erleichtert hier das Verständnis.
D.4.3.1. Es handelt sich um das Gedicht »Der Mond ist aufgegangen« von Matthias Claudius (1740–1815).

E.1.3. Mississipps – Rips – Seiden- (bleibt so, bewußte Täuschung der Erwartung) – Schlips – Rennbahntips – Grips – potato-chips – Salzwasserflips – Schwips – Gips – Nippes – Yps-

E.2.2.1. Seidenkleid – kleiden seid, Wanzenreise – ranzenweise, Zungen Lug – Lungenzug, Klapperschlangen – schlapper klangen, Hackebeil – Backe heil, ganze Welt – Wanze Geld, Sardellenbutter – bellen tut er, Rubenstein – stubenrein, Finkenstein – stinken fein, Flachdach – Dach flach
E.2.2.2. Teller schnappt – schnell ertappt, Rinder kaufen – Kinder raufen, Seltenheit – Helden seid, Hallenbad – Ballen hat, fein erkannt – keiner fand, Sandstein – Stand sein, tanzen wir – Wanzentier, tolle Fische – volle Tische, Mäuse leiden – Läuse meiden, Morgen sacht – Sorgen macht, gerne stehn – Sterne gehn, Morgen sich – Sorgen mich
E.2.4. Zu diesen Rätseln gab Brentano selbst die Lösung an.
E.2.4.1. Meer lacht – leer macht
E.2.4.2. Magensorgen – sagen morgen

E.3.1. Erich Kästner: Was auch geschieht!

Was auch immer geschieht:
Nie dürft ihr so tief sinken,
von dem Kakao, durch den man euch zieht,
auch noch zu trinken.

E.3.2. Ludwig Fulda: Wer die Zeit sich suchen mag

Wer die Zeit sich suchen mag,
Hat sie stets gefunden:
Für den Fleißigen hat der Tag
Achtundvierzig Stunden.

E.3.3. Friedrich Rückert: Am Abend wird man klug

Am Abend wird man klug
Für den vergangnen Tag,
Doch niemals klug genug
Für den, der kommen mag.

E.3.4. Johann Wolfgang Goethe:
Die Welt ist nicht aus Brei und Mus geschaffen

Die Welt ist nicht aus Brei und Mus geschaffen,
Deswegen haltet euch nicht wie Schlaraffen;
Harte Bissen gibt es zu kauen:
Wir müssen erwürgen oder sie verdauen.

E.3.5. Wilhelm Busch: Der fliegende Frosch

Wenn einer, der mit Mühe kaum
Gekrochen ist auf einen Baum,
Schon meint, daß er ein Vogel wär,
So irrt sich der.

E.3.6. Erich Kästner: Nur Geduld!

Das Leben, das die meisten führen,
zeigt ihnen, bis sie's klar erkennen:
Man kann sich auch an offnen Türen
den Kopf einrennen.

E.3.7. Heinz Erhardt: Wandspruch

Die Arbeit ist oft unbequem,
die Faulheit ist es nicht, trotzdem:
der kleinste Ehrgeiz, hat man ihn,
ist stets der Faulheit vorzuziehn!

E.4.2. Idealschema:

    ◡ ◡́ ◡ ◡ ◡́ ◡ ◡ ◡́ ◡
    ◡ ◡́ ◡ ◡ ◡́ ◡ ◡ ◡́ ◡
◡ ◡ ◡́ ◡ ◡ ◡́
◡ ◡ ◡́ ◡ ◡ ◡́
    ◡ ◡́ ◡ ◡ ◡́ ◡ ◡ ◡́ ◡

Limerick 4.1.7 weicht von der Idealform in der letzten Zeile zu sehr ab, reimt entweder nicht oder nur unrein.

E.5.2. Sonette, gelingen, verschlingen, hätte, Kette, springen, erklingen, Klette, Nichten, sticken, zählen, dichten, stricken, Seelen.

E.5.3.1. Text der Meldung: »Am Sonntag, dem 20. Juli 1969 um 21 Uhr 18 sind die beiden amerikanischen Astronauten Neil Armstrong und Edwin Aldrin an Bord ihres Raumschiffes »Adler« auf dem Mond gelandet. In der Geborgenheit ihrer Landekapsel lagen etwa noch fünf Stunden vor ihnen, bis sie als erste Bewohner des Planeten Erde ihren Fuß auf einen fremden Himmelskörper setzen sollten.

IV. Quellenverzeichnis

Fehlt eine Quellenangabe, ist die Herkunft des Spiels unbekannt.

A.1. Josef Guggenmos: Durcheinander. Aus: Gorilla, ärgere dich nicht! Lachkabinett in Versen. Weinheim u. Basel: Beltz & Gelberg 1971. S. 18–19.

A.1.2.1. Pardon 1965, Heft 9. Zitiert nach: Eugen Oker: Eugen Oker's Spielwiese. Das Buch der Spiele. Hamburg 1968. S. 38–40.

A.1.2.3. volkstümlich.

A.1.3. Karl Heinz Paraquin: Buch der Rätsel mit 398 Rätseln aller Art für die ganze Familie. Ravensburg: Maier ^{2}1972. Seitenzahl und Nummer in der Reihenfolge der Zitate: 54/247, 54/248, 66/249, 66/250, 79/251, 79/252, 100/253, 102/254.

A.1.4.1. bis A.1.4.3. Franz Brentano: Aenigmatias. Rätsel. Bern u. München: Francke ^{5}1962. S. 137.

A.1.5.1. Timm Ulrichs: rose – eros. Aus: Konkrete Poesie. Anthologie von Eugen Gomringer. Stuttgart: Reclam 1972. S. 140.

A.1.5.2. Timm Ulrichs: Ordnung – Unordnung. Aus: Konkrete Poesie, S. 142.

A.1.5.3. André Thomkins: Permanenterformweg. Aus: Konkrete Poesie, S. 133.

A.2. Josef Guggenmos: Akirema. Aus: Gorilla, ärgere dich nicht! S. 22.

A.2.2.2.1. Friedrich Schaefer. Aus: Deutsches Rätselbuch. Hrsg. von Volker Schupp. Stuttgart: Reclam 1972. S. 259, Nummer 6.

A.2.2.2.2 bis A.2.2.2.4. volkstümlich.

A.2.2.2.5. August von Platen. Aus: Deutsches Rätselbuch, S. 219, Nummer 5.

A.2.2.2.6. Franz Brentano: a. a. O., S. 129.

A.2.2.2.7. Franz Brentano: a. a. O., S. 131.

A.2.3.1. Timm Ulrichs: stets. Aus: Konkrete Poesie, S. 141.

A.2.3.2. Franz Mon: rotor. Aus: Konkrete Poesie, S. 104.

A.3.1. Hans Manz: Wörter im Wort. Aus: Worte kann man drehen. Sprach-Buch für Kinder. Weinheim u. Basel: Beltz & Gelberg 1974. S. 49.

A.3.3. Lewis Carroll: Der Zipferlake. Aus: Alice hinter den Spiegeln. Übersetzt von Christian Enzensberger. Frankfurt a. M.: Insel Verlag ^{2}1975. S. 27 f. u. 90 f.

A.3.4.1. Detlef von Liliencron: Akrostichon. Zitiert nach: Ivo Braak, Poetik in Stichworten. Kiel: Hirt 1968. S. 161.

A.3.5.1 bis A.3.5.5. volkstümlich.

A.3.5.6. Ernst Buschor. Aus: E. B., Rätselküche. München: Beck ^{3}1965. Nr. 11.

A.3.5.7. Franz Brentano: a. a. O., S. 142.

A.3.5.8. Franz Brentano: a. a. O., S. 142.

A.3.5.9. Franz Brentano: a. a. O., S. 143.

B.1. Heinz Erhardt: Rechtschreibung. Aus: Das große Heinz Erhardt Buch. Gütersloh: Mohn o. J. S. 14.

B.1.1.6. Hans Manz: Sätze. Aus: Worte kann man drehen. S. 64.

B.1.2.2.1. Die besten Limericks der ZEIT. Hrsg. Erhard Kortmann. Hamburg: Hoffmann u. Campe [3]1972. S. 81. © Hoffmann u. Campe Verlag, Hamburg 1970.

B.1.2.2.2. Die besten Limericks, S. 86.

B.1.2.2.3. Die besten Limericks, S. 33.

B.1.2.2.4. Die besten Limericks, S. 39.

B.2. Hottentotten. Aus: Herr Je das Nichts ist bodenlos. Unsinn in Poesie und Prosa. Hrsg. von Wilhelm Höck. München: Ehrenwirth 1968. S. 92 f.

B.2.2. Nachtblaue Nilpferde. Aus: Roland Gööck, Das große Buch der Spiele. 1000 Spiele für jung und alt. Gütersloh: Bertelsmann 1964. S. 25.

B.2.3. Bernhard Bruno Braunes . . . bayrische Bierhymne. Aus: Roland Gööck, a. a. O., S. 24.

B.3. Yaak Karsunke: sprachmatt. Aus: Y. K., Kilroy & andere. Berlin: Wagenbach 1967. S. 32.

B.3.3.1. Paul Heyse. Aus: Deutsches Rätselbuch, S. 244, Nummer 2.

B.3.3.2. Paul Heyse. Aus: Deutsches Rätselbuch, S. 246, Nummer 8.

B.3.3.3. Johann Peter Hebel. Aus: Deutsches Rätselbuch, S. 140, Nummer 8.

B.3.3.4. Gustav Theodor Fechner. Aus: Deutsches Rätselbuch, S. 232, Nummer 14.

B.3.3.5. Franz Brentano: a. a. O., S. 104.

B.3.3.6. Franz Brentano: a. a. O., S. 110.

B.3.4. Christian Morgenstern: Gesammelte Werke in einem Band. München: Piper 1965. S. 308.

C.1. Hans Manz: Kleiner Streit. Aus: Worte kann man drehen, S. 40.

C.2. Heinz Erhardt: Der Pv. Aus: Das große Heinz Erhardt Buch, S. 54.

C.4.1 bis C.4.2.6. volkstümlich.

D.1. Heinz Erhardt: Ein Schulaufsatz, a. a. O., S. 14.

D.1.2. Hans Adolf Halbey: Sprengkraft. Aus: Viktor Christen u. Jürgen Wulff, Schnick Schnack Schabernack. Oldenburg: Stalling 1973, o. S.

D.1.3.1 u. D.1.3.2. volkstümlich.

D.1.3.3. Friedrich Rückert. Aus: Karl Heinz Paraquin, Buch der Rätsel, 93/229.

D.1.3.4. Friedrich Rückert. Aus: Karl Heinz Paraquin, Buch der Rätsel, 98/227.

D.1.3.5. volkstümlich.

D.1.3.6. Friedrich Schleiermacher. Aus: Deutsches Rätselbuch, S. 162, Nummer 11.

D.1.3.7. Franz Brentano: a. a. O., S. 59.

D.1.3.8. Franz Brentano: a. a. O., S. 52.

D.2. Kuriositäten. Aus: Herr Je das Nichts ist bodenlos, S. 228 f.

D.2.3. Heinz Erhardt: Chor der Müllabfuhr. Aus: Das große Heinz Erhardt Buch, S. 170.

D.3. Heinz Erhardt: Urlaub im Urwald, a. a. O., S. 223.

D.3.2. Joachim Ringelnatz: Ein männlicher Briefmark. Aus: J. R., . . . und auf einmal steht es neben dir. Gesammelte Gedichte. Berlin: Henssel 1950. S. 23.

D.3.3. Lothar Klünner: Kakokagathie. Aus: Schnick Schnack Schabernack, o. S.

D.3.3.2. Friedrich Rückert. Aus: Deutsches Rätselbuch, S. 205.

D.4.2. Kurt Tucholsky: Deutsch für Amerikaner. Aus: K. T., Gesammelte Werke. Hrsg. von Mary Gerold-Tucholsky u. Fritz J. Raddatz. Bd. 3. Reinbek bei Hamburg: Rowohlt 1960. S. 125.

D.4.3. Jean Tardieu: Un mot pour un autre (Ein Wort für das andere). Aus: Jean Tardieu, Kammertheater. Darmstadt, Berlin u. Neuwied: Luchterhand 1960. S. 113–122.

D.4.3.1. Das Herz träuft. Aus: Computer-Lyrik. Programmiert und herausgegeben von Manfred Krause u. Götz F. Schaudt. Düsseldorf: Droste 1967. S. 22 f.

E.1. Alte Grabinschrift: volkstümlich.

E.1.3. Joachim Ringelnatz: Emanuel Pips (Zu seinem 81. Geburtstag). Aus: J. R., . . . und auf einmal steht es neben dir, S. 380 f.

E.2.1. volkstümlich.

E.2.2.1. volkstümlich.

E.2.3. Wauderkelsch. Nach Roland Gööck, Das große Buch der Spiele, S. 27.

E.2.4.1. Franz Brentano: a. a. O., S. 178.

E.2.4.2. Franz Brentano: a. a. O., S. 182.

E.3.1. Erich Kästner: Was auch geschieht. Aus: E. K., Gesang zwischen den Stühlen. Stuttgart u. Berlin: Deutsche Verlags-Anstalt 1932. S. 5. © Atrium Verlag, Zürich.

E.3.2. Ludwig Fulda: Wer die Zeit sich suchen mag. Aus: Der ewige Brunnen. Ein Volksbuch deutscher Dichtung. Hrsg. von Ludwig Reiners. München: Beck ^{2}1959. S. 679.

E.3.3. Friedrich Rückert: Am Abend wird man klug. Aus: Der ewige Brunnen, S. 679.

E.3.4. Johann Wolfgang Goethe: Die Welt ist nicht aus Brei und Mus geschaffen. Aus: Der ewige Brunnen, S. 676.

E.3.5. Wilhelm Busch: Der fliegende Frosch. Aus: W. B., Was beliebt ist auch erlaubt. Hrsg. von Rolf Hochhuth. Gütersloh: Bertelsmann o. J. S. 723–725.

E.3.6. Erich Kästner: Nur Geduld! Aus: Doktor Erich Kästners Lyrische Hausapotheke. München: Droemer o. J. S. 79. © Atrium Verlag, Zürich.

E.3.7. Heinz Erhardt: Wandspruch. Aus: Das große Heinz Erhardt Buch, S. 266.

E.4.1.1. Respektlose Lieder. Frechheiten gereimt und ungereimt. Hrsg. Richard Salis u. Frank Auerbach. Tübingen u. Basel: Erdmann 1970. S. 108.

E.4.1.2 u. E.4.1.3. Curt Peiser. Aus: Der ewige Brunnen, S. 794.

E.4.1.4. Eugen Roth. Aus: E. R., Ins Schwarze. Limericks und Schüttelreime. München: Hanser 1968. S. 64.

E.4.1.5. Christian Hanisch. Aus: Jugendmagazin »Neue Stafette« 1975, Heft 7.

E.4.1.6. Viktor Christen. Aus: Schnick Schnack Schabernack, o. S.

E.4.1.7. Respektlose Lieder, S. 110.

E.5.1. Gerhard Rühm: Sonett. Aus: G. R., Gesammelte Gedichte und visuelle Texte. Reinbek bei Hamburg: Rowohlt 1970. S. 174.

E.5.2. Eduard Mörike: Zwei dichterischen Schwestern. Aus: E. M., Sämtliche Werke. Hrsg. von Herbert G. Göpfert. München: Hanser 1964. S. 199.

E.5.3.1. Gerhard Rühm: montag, 21. 7. 1969. Aus: G. H., Gesammelte Gedichte und visuelle Texte, S. 299.

F.1.1. Wolfgang Neuss: Innere Führungs-Kettenreaktion. Aus: W. N., Das jüngste Gerücht. Satire über Trivialpolitik. Reinbek bei Hamburg: Rowohlt 1965. (rororo 841.) S. 65–67.

F.4. Martin Walser: Das Einhorn. Frankfurt a. M.: Suhrkamp 1966. S. 124.

V. Literaturhinweise

Benita Daublebsky: Spielen in der Schule. Vorschläge und Begründungen für ein Spielcurriculum. Stuttgart [3]1975.

Hans Frör: Spielend bei der Sache. 81 Spiele für Schulklassen, Konfirmandengruppen und Gemeindekreise. München 1972.

Karl Gerstner: Do it yourself Kunst. Brevier für jedermann. Spiegelschrift 3. Verlag Galerie Der Spiegel. Köln 1970.

Roland Gööck: Das große Buch der Spiele. 1000 Spiele für jung und alt. Gütersloh 1964.

Paul Gollnick: Humoristisches Sprachgut. Göttingen 1967.

Wolfgang Kelsch: Sprachmontagen. In: Der Deutschunterricht 22 (1970) Heft 5, S. 115–121.

Ingeborg Meckling: Kreativitätsübungen im Literaturunterricht der Oberstufe. München 1972.

Maria Misslbeck: Dichterspiel mit dem Wort. In: Der Deutschunterricht 14 (1962) Heft 5, S. 40–48.

Spiele mit Sprache. Praxis Deutsch, Heft 5 (1974).

Das Sprachbastelbuch. Hrsg. von Domenego, Ekker, Ferra-Mikura, Hofbauer, Leiter, Lobe, Mayer-Skumanz, Nöstlinger, Peter, Recheis, Welsh u. Zotter. Wien u. München [2]1976.

Reinbert Tabbert: Zum literarischen Nonsense: Versuch einer Orientierung. In: Der Deutschunterricht 27 (1975) Heft 5, S. 5–22.

Winfried Ulrich: Wortbildungsspiele – Semantik des komplexen Wortes. In: Diskussion Deutsch, Heft 31 (1976) S. 424–437.

Rainer Weller: Nonsense-Literatur als Gestaltungsaufgabe auf Unter- und Mittelstufe. In: Der Deutschunterricht 22 (1970) Heft 5, S. 39 bis 46.

Fritz Winterling: Kreative Übung oder Gestaltungsversuch. Abriß einer Didaktik produktiver Befreiung im Deutschunterricht. In: Diskussion Deutsch, Heft 5 (1971) S. 243–264.

Erläuterungen und Dokumente

zu Büchner, *Dantons Tod.* 8104 – zu Büchner, *Woyzeck.* 8117– zu Droste-Hülshoff, *Die Judenbuche.* 8145 – zu Dürrenmatt, *Der Besuch der alten Dame.* 8130 – zu Fontane, *Effi Briest.* 8119 [2] – zu Fontane, *Frau Jenny Treibel.* 8132 [2] – zu Fontane, *Irrungen, Wirrungen.* 8146 [2] – zu Fontane, *Schach von Wuthenow.* 8152 [2] – zu Fontane, *Der Stechlin.* 8144 [2] – zu Frisch, *Biedermann und die Brandstifter.* 8129 [2] – zu Goethe, *Egmont.* 8126 [2] – zu Goethe, *Götz von Berlichingen.* 8122 [2] – zu Goethe, *Hermann und Dorothea.* 8107 [2] – zu Goethe, *Iphigenie auf Tauris.* 8101 – zu Goethe, *Die Leiden des jungen Werthers.* 8113 [2] – zu Grass, *Katz und Maus.* 8137 [2] – zu Grillparzer, *König Ottokars Glück und Ende.* 8103 – zu Grillparzer, *Weh dem, der lügt!* 8110 – zu Hauptmann, *Bahnwärter Thiel.* 8125 – zu Hauptmann, *Der Biberpelz.* 8141 – zu Hebbel, *Agnes Bernauer.* 8127 [2] – zu Hebbel, *Maria Magdalena.* 8105 – zu Heine, *Deutschland. Ein Wintermärchen.* 8150 [2] – zu Hoffmann, *Das Fräulein von Scuderi.* 8142 [2] – zu Kaiser, *Von morgens bis mitternachts.* 8131 [2] – zu Keller, *Das Fähnlein der sieben Aufrechten.* 8121 – zu Keller, *Romeo und Julia auf dem Dorfe.* 8114 – zu Kleist, *Das Käthchen von Heilbronn.* 8139 [2] – zu Kleist, *Michael Kohlhaas.* 8106 – zu Kleist, *Prinz Friedrich von Homburg.* 8147 [3] – zu Kleist, *Der zerbrochne Krug.* 8123 [2] – zu J. M. R. Lenz, *Die Soldaten.* 8124 – zu Lessing, *Emilia Galotti.* 8111 [2] – zu Lessing, *Minna von Barnhelm.* 8108 – zu Lessing, *Nathan der Weise.* 8118 [2] – zu Th. Mann, *Mario und der Zauberer.* 8153 – zu Th. Mann, *Tristan.* 8115 – zu Meyer, *Das Amulett.* 8140 – zu Mörike, *Mozart auf der Reise nach Prag.* 8135 [2] – zu Nestroy, *Lumpazivagabundus.* 8148 [2] – zu Nestroy, *Der Talisman.* 8128 – zu Schiller, *Don Carlos.* 8120 [3] – zu Schiller, *Kabale und Liebe.* 8149 [2] – zu Schiller, *Maria Stuart.* 8143 [3] – zu Schiller, *Die Räuber.* 8134 [3] – zu Schiller, *Wallenstein.* 8136 [3] – zu Schiller, *Wilhelm Tell.* 8102 – zu Shakespeare, *Hamlet.* 8116 [3] – zu Stifter, *Abdias.* 8112 – zu Stifter, *Brigitta.* 8109 – zu Storm, *Der Schimmelreiter.* 8133 [2] – zu Wedekind, *Frühlings Erwachen.* 8151 [2] – zu Zuckmayer, *Der Hauptmann von Köpenick.* 8138 [2]

Philipp Reclam jun. Stuttgart